Thekla Chabbi

Liao Liao

Der Chinesischkurs

Schlüssel zum Arbeitsbuch

Hueber Verlag

3. 2. 1. | Die letzten Ziffern
2013 12 11 10 09 | bezeichnen Zahl und Jahr des Druckes.
Alle Drucke dieser Auflage können, da unverändert, nebeneinander benutzt werden.
1. Auflage

Verlagsredaktion: Ingo Heyse, Hueber Verlag, Ismaning
Druck und Bindung: Ludwig Auer GmbH, Donauwörth
Printed in Germany
ISBN 978-3-19-065436-9

Vorwort

Mit diesem Schlüssel können Sie überprüfen, ob Sie die Aufgaben im Arbeitsbuch richtig gelöst haben. Dabei ist zu beachten:

– Bei manchen Aufgaben (z. B. Fragen zu einem Text, Übersetzung, passende Formulierungen finden) kann es unterschiedliche Lösungen geben. In diesem Fall ist die angegebene Lösung als Modell zu verstehen. Fragen Sie im Zweifelsfall Ihre Kursleiterin / Ihren Kursleiter, ob Ihre Lösung ebenfalls korrekt ist.

– Für einige Aufgaben im Arbeitsbuch ist hier im Schlüssel keine Lösung angegeben, weil es sich um individuelle Fragen bzw. Schreibaufgaben handelt. Auch in diesen Fällen sollten Sie Ihre Lösung mit Ihrer Kursleiterin / Ihrem Kursleiter besprechen.

Alle Hörtexte, die nicht als Einzelsätze im Arbeitsbuch stehen, sind hier im Schlüssel in Schriftzeichen und Pinyin abgedruckt. Ausgenommen davon sind die Hörverständnisaufgaben der Tests, zu denen Sie bei Bedarf Transkriptionen im Lehrwerkservice finden: www.hueber.de/liao-liao.

Bei den Hörverständnisaufgaben empfehlen wir, dass Sie sich den Hörtext zunächst einmal insgesamt anhören. Machen Sie sich dabei nur ein globales Bild: Um welche Situation handelt es sich? Wie viele Personen sind beteiligt? Lesen Sie sich dann die Fragen in der Aufgabe durch und hören Sie die Hörtexte so oft wie nötig. Sie werden sehen: Bei jedem Hördurchgang verstehen Sie mehr. Erst wenn Sie auch durch mehrmaliges Hören nicht weiterkommen, sollten Sie die Transkription zu Hilfe nehmen. Ein Tipp: Decken Sie dann zunächst Pinyin ab, starten Sie den Hörtext erneut und lesen Sie dabei die Schriftzeichen mit. Sehen Sie sich erst danach die Pinyin-Umschrift an.

Inhaltsverzeichnis

你好！

Nǐ hǎo!

1

1

▲ 你好。 Nǐ hǎo.
▼ 你好。 Nǐ hǎo.
◆ 你们好。 Nǐmen hǎo.
▲ 你好。 Nǐ hǎo.
▼ 你好。 Nǐ hǎo.

2

a) 3 (gelb); b) 2 (grün); c) 4 (rot); d) 1 (blau).

3

a) Nǐ hǎo. b) Nǐmen hǎo.

4

1) Wǒ hěn hǎo. 2) Wǒ bù hǎo. 3) (Wǒ) Māmā hūhū.

5

a3, b2, c1.

6

a) Nǐmen hǎo ma? b) Wáng Fúguì hǎo ma? c) Tāmen hǎo ma? d) Tāmen hǎo ma?

7

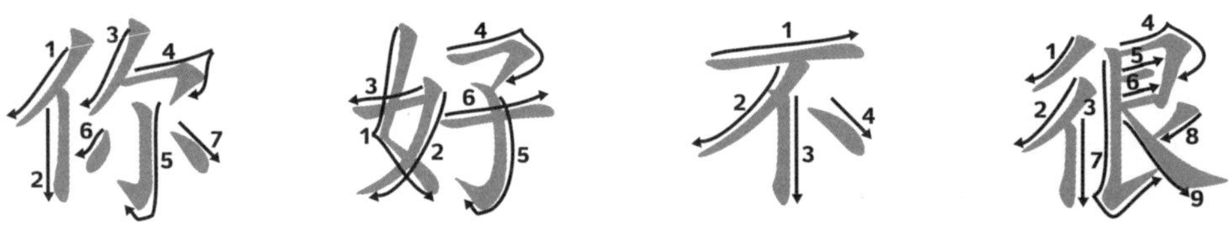

nǐ hǎo bù hěn

8

a) 7; Strichnummern: 6., 2., 3. + 8., 4.,10. + 8., 6., 1.; b) 7; Strichnummern: 6., 3., 6., 2. + 8., 3. + 8., 6., 1.;
c) 6; Strichnummern: 6. + 1., 6., 2., 2. + 7. + 8., 3., 3. + 9. + 8.; d) 4; Strichnummern: 2., 6., 3., 1.;
e) 9.; Strichnummern: 6., 6., 3., 2. + 7., 2., 2., 3. + 4., 6., 5.

10

a, f: 口 (Mund); b, d, h: 亻 (Mensch); c, e, g: 女 (Frau).

12

b) 我们不好。 Wǒmen bù hǎo. c) 他不好。 Tā bù hǎo. d) 她不好。 Tā bù hǎo.
e) 他们不好。 Tāmen bù hǎo. f) 她们不好。 Tāmen bù hǎo.

13

a-4-b, b-3-e, c-6-d, d-2-a, e-1-c, f-5-f.

14

a) Nǐ hǎo. b) Nǐ hǎo. c) Nǐ hǎo ma? d) Wǒ hěn hǎo. Nǐ ne? e) Wǒ mǎmǎ hūhū. f) Nǐ bù hǎo ma? g) Wǒ bù hǎo.

16

Eis, Feuer.

17

Richtig: d; falsch: a, b, c.

▲	你好。	Nǐ hǎo.
▼	你好。	Nǐ hǎo.
▲	你好吗?	Nǐ hǎo ma?
▼	我很好。谢谢。你呢?	Wǒ hěn hǎo. Xièxiè. Nǐ ne?
▲	我也很好。	Wǒ yě hěn hǎo.
▼	他们都好吗?	Tāmen dōu hǎo ma?
▲	他们都不好。他们很冷。	Tāmen dōu bù hǎo. Tāmen hěn lěng.
▼	你也冷吗?	Nǐ yě lěng ma?
▲	我不冷。我很热。	Wǒ bù lěng. Wǒ hěn rè.
▼	我也很热。	Wǒ yě hěn rè.

18

1) 好 hǎo; 2) 你 nǐ; 3) 吗 ma; 4) 很 hěn; 5) 呢 ne; 6) 也 yě; 7) 都 dōu; 8) 不 bù; 9) 冷 lěng; 10) 热 rè; 11) 我 wǒ.

19

a) 我也很好。Wǒ yě hěn hǎo. b) 他也很热。Tā yě hěn rè.
c) 他们也马马虎虎。Tāmen yě mǎmǎ hūhū. d) 我们也不热。Wǒmen yě bú rè.
e) 天气也不冷。Tiānqì yě bù lěng. f) 她们也很冷。Tāmen yě hěn lěng.

20

a-4-b, b-3-g, c-5-d, d-6-a, e-2-c, f-1-f, g-7-e.

21

a) 你也好吗? Nǐ yě hǎo ma? b) 我们都不冷。Wǒmen dōu bù lěng. c) 她也很热。Tā yě hěn rè.
d) 我们都不热。Wǒmen dōu bù rè. e) 我们也都很好。Wǒmen yě dōu hěn hǎo.
f) 你们都冷吗? Nǐmen dōu lěng ma? g) 他们也都很热。Tāmen yě dōu hěn rè.

22

a) Ist euch allen nicht heiß? b) Uns geht es nicht allen gut. c) Uns ist auch allen kalt. d) Es ist nicht sehr kalt.
e) Sie sind alle auch nicht sehr beschäftigt. f) Ihr geht es sehr schlecht.

23

a1, b3, c3, d3, e2, f1.

▲	马红，你好！你好吗?	Mǎ Hóng, nǐ hǎo! Nǐ hǎo ma?
▼	你好，王福贵！我很好。谢谢。你呢?	Nǐ hǎo, Wáng Fúguì! Wǒ hěn hǎo. Xièxie. Nǐ ne?
▲	马马虎虎。妈妈好吗?	Mǎmǎ hūhū. Māma hǎo ma?
▼	她不很好。天气很热。	Tā bù hěn hǎo. Tiānqì hěn rè.
▲	瞎说，天气不热！天气很好， 不冷不热。你忙吗?	Xiāshuō. Tiānqì bú rè! Tiānqì hěn hǎo, bù lěng bú rè. Nǐ máng ma?
▼	我很忙。你呢?	Wǒ hěn máng. Nǐ ne?
▲	我也很忙，瞎忙。	Wǒ yě hěn máng, xiāmáng.
▼	好，再见！	Hǎo, zàijiàn!
▲	再见！	Zàijiàn!

25
a) Fāyīn; b) Pīnyīn; c) Dōngtiān; d) Xiāshuō.

26
Waagerecht: 你忙吗？ 天气不冷。你呢？ 天气热吗？ 你好吗？
Senkrecht: 天气不热。我们都不热。她呢？ 我不冷。他们也都很好。

27
a) 1) 7; 2) gē, Speer, 4; 3) shǒu, Hand, 4.
b) 1) 13; 2) xīn, Herz, 4; 3) yīn, Ton, 9.
c) 1) 12; 2) chuò, Vorwärtsbewegung, 3; 3) shòu, Kopf, Oberhaupt, 9.

28
a2, b3, c4, d1.

30
a) 瞎说！ Xiāshuō! b) 再见！ Zàijiàn! c) 你好吗？ Nǐ hǎo ma? d) 谢谢。 Xièxie.
e) 我瞎忙。 Wǒ xiāmáng.

LEKTION 2

我介绍一下……

Wǒ jièshào yíxià ...

1
昨天天气不冷不热。 Zuótiān tiānqì bù lěng bú rè. 我今天马马虎虎。 Wǒ jīntiān mǎmǎ hūhū. 他们明天都不忙。 Tāmen míngtiān dōu bù máng. 我们昨天也都很冷。 Wǒmen zuótiān yě dōu hěn lěng.

2
a) 冬天 dōngtiān; b) 再见 zàijiàn; c) 谢谢 xièxie; d) 吗 ma.

4
1) 好 hǎo; 2) 吗 ma; 3) 我 Wǒ; 4) 也 yě; 5) 最近 zuìjìn; 6) 忙 máng; 7) 明天 míngtiān; 8) 不 bù; 9) 见 jiàn; 10) 明天 Míngtiān.

5
1) 你们最近都很忙。 Nǐmen zuìjìn dōu hěn máng. 2) 昨天天气好吗？ Zuótiān tiānqì hǎo ma? 3) 她明天不忙。 Tā míngtiān bù máng. 4) 他现在很好。 Tā xiànzài hěn hǎo. 5) 我今天瞎忙。 Wǒ jīntiān xiāmáng. 6) 他们昨天都不冷。 Tāmen zuótiān dōu bù lěng.

6
Von den deutschen Sätzen ausgehend: a-5-f; b-3-d; c-4-b; d-6-a; e-1-c; f-2-e.

7
a) Richtig: 3; falsch: 1, 5, 6; weiß man nicht: 2, 4.
b) 他今天很忙，天气也不好。明天他不忙。他们明天见。
Tā jīntiān hěn máng, tiānqì yě bù hǎo. Míngtiān tā bù máng. Tāmen míngtiān jiàn.

● 诶，王明，你好！你好吗？我今天很忙，瞎忙。天气也不好。 6
你明天忙吗？我明天不忙。咱们明天见，好吗？再见。明天见！
Ei, Wáng Míng, nǐ hǎo! Nǐ hǎo ma? Wǒ jīntiān hěn máng, xiāmáng. Tiānqì yě bù hǎo. Nǐ míngtiān máng ma? Wǒ míngtiān bù máng. Zánmen míngtiān jiàn, hǎo ma? Zàijiàn. Míngtiān jiàn!

8

a) Begrüßung: 你好！ Nǐ hǎo! 你们好！ Nǐmen hǎo! b) Abschied: 再见！ Zàijiàn! 明天见！ Míngtiān jiàn!

9

a) 1) Wǒ xìng Huáng. 2) Wǒ jiào Měihóng. 3) Nǐ xìng shénme? Wǒ xìng Wáng. 4) Nǐ jiào shénme? Wǒ jiào Fúguì. 5) Nǐ xìng shénme? Wǒ xìng Mǎ. 6) Nǐ jiào shénme? Wǒ jiào Mǎ Hóng. 7) Nǐ xìng shénme? Wǒ xìng Lǐ. 8) Nǐ jiào shénme? Wǒ jiào Lǐ Míng.

b) Richtig: 3; falsch: 1, 2.

c) Míngzì jiào Měihóng. Míngzì jiào Mǎ Hóng. Míngzì jiào Fúguì. Míngzì jiào Lǐ Míng.

11

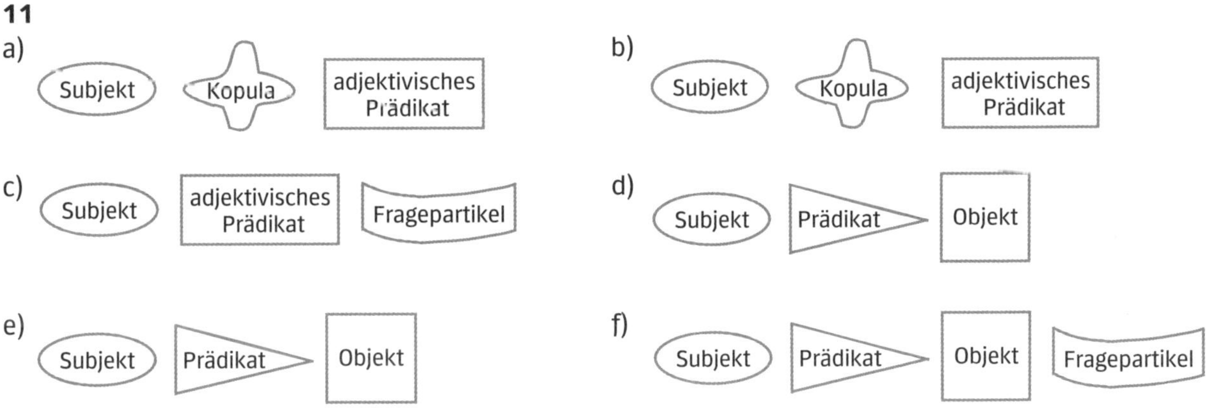

12

Richtig: b, e, f, g; falsch: a, c, d, h.

▲ 你姓什么？	Nǐ xìng shénme?	7
▼ 我姓王。	Wǒ xìng Wáng.	
▲ 叫什么名字？	Jiào shénme míngzi?	
▼ 名字叫福贵。	Míngzi jiào Fúguì.	
◆ 我们都叫他老王	Wǒmen dōu jiào tā Lǎo Wáng.	
▼ 你姓什么？	Nǐ xìng shénme?	
▲ 我姓马，名字叫马红。	Wǒ xìng Mǎ, míngzi jiào Mǎ Hóng.	
● 我们都叫她小马！	Wǒmen dōu jiào tā Xiǎo Mǎ!	
▼ 你叫什么名字？	Nǐ jiào shénme míngzi?	
● 我姓黄，叫黄美。	Wǒ xìng Huáng, jiào Huáng Měi.	
▲ 我们都叫她老黄。— 你叫什么？	Wǒmen dōu jiào tā Lǎo Huáng. — Nǐ jiào shénme?	
◆ 我姓李，名字叫李明。	Wǒ xìng Lǐ, míngzi jiào Lǐ Míng.	
▼ 我们都叫他小李！	Wǒmen dōu jiào tā Xiǎo Lǐ!	

14

大 dà: 中国 Zhōngguó; 小 xiǎo: 德国 Déguó, 奥地利 Àodìlì, 瑞士 Ruìshī.

16

Richtig: a, b, c; falsch: d.

18

a) 1) 中国人; 2) 老; 3) Huáng; 4) Huáng Měi; 5) Zhōngguórén; 6) Lǎo Huáng.
b) 1) Rössli; 2) Reto; 3) 老; 4) Rössli; 5) Reto; 6) Ruìshīrén; 7) lǎo.
c) 1) Maria; 2) 矮; 3) 年轻; 4) 德国人; 5) Maria; 6) ǎi; 7) niánqīng; 8) Déguórén.
d) 1) Wagner; 2) Josef; 3) 高; 4) Wagner; 5) Josef; 6) Àodìlìrén; 7) gāo.

20

a) Qǐngwèn, Reto Rössli shì nǎ guó rén? Tā shì Ruìshīrén. b) Qǐngwèn, Josef Wagner shì nǎ guó rén? Tā shì Àodìlìrén. c) Qǐng wèn, Maria Bauer shì nǎ guó rén? Tā shì Déguórén. d) Qǐng wèn, Huáng Měi shì nǎ guó rén? Tā shì Zhōngguórén.

21

a) 谁; b) 谁; c) 哪（国人）; d) 什么; e) 谁; f) 什么.

23

a) lǎoniánrén; b) hái; c) 很 hěn; d) 奥地利 Àodìlì.

24

a5, b6, c1, d3, e2, f4.

25

a) Rainer是德国人。Rainer shì Déguórén. b) 他很高。Tā hěn gāo. c) 他姓 Rössli。Tā xìng Rössli. d) 意思是马。Yìsī shì mǎ. e) 老同学是马红。Lǎo tóngxué shì Mǎ Hóng. f) 老同学也姓马。Lǎo tóngxué yě xìng Mǎ. g) 老同学可不年轻。Lǎo tóngxué kě bù niánqīng. h) 王明叫 Rainer 小马。Wáng Míng jiào Rainer Xiǎo Mǎ.

28

b) 1) hái xíng; 2) Déguó; 3) tóngxué; 4) Wáng Míng.
c) 1. Zeile: blau, blau, grün; 2. Zeile: blau, grün, grün; 3. Zeile: blau, grün, blau; 4. Zeile: grün, grün, blau.

29

a) 2) rì, Sonne, 4; 3) yuè, Mond, 4.
b) 2) nǚ, Frau, 3; 3) shēng, gebären, 5.
c) 2) kǒu, Mund, 3; 3) xī, Nacht, 3.

30

a3, b2, c4, d1.

32

a) 明天见！ Míngtiān jiàn! b) 我明天可不忙。Wǒ míngtiān kě bù máng. c) 你姓什么？ Nǐ xìng shénme? d) 名字叫…… Míngzi jiào ... e) 请问…… Qǐng wèn ... f) 好久不见了！ Hǎo jiǔ bú jiàn le! g) 你是哪国人？ Nǐ shì nǎ guó rén? h) 我介绍一下…… Wǒ jièshào yíxià ... i) “同学”是什么意思？ „Tóngxué“ shì shénme yìsī? j) 我可不冷。Wǒ kě bù lěng.

买东西

Mǎi dōngxi

1

a) 5; b) 5; c) 10; d) 25; e) 30; f) 218.

3

八	九	一	四	三	七	五	二	六
七	二	四	九	五	六	八	一	三
六	三	五	二	八	一	四	九	七
五	七	六	八	九	三	二	四	一
二	四	三	七	一	五	六	八	九
九	一	八	六	四	二	三	七	五
一	六	二	五	七	八	九	三	四
三	五	九	一	二	四	七	六	八
四	八	七	三	六	九	一	五	二

4

a) 1) 一三六〇二六五五一八九; 2) 一三六〇三六五五五八九;
3) 一三七四七四五一四七七; 4) 一三七一四七五四七四七.

b) von oben: yāo sān liù líng sān liù wǔ wǔ wǔ bā jiǔ / 1360365589; yāo sān qī sì qī sì wǔ yāo sì qī qī / 13747451477; yāo sān qī yāo sì qī wǔ sì qī sì qī / 13714754747; yāo sān liù líng èr liù wǔ wǔ yāo bā jiǔ / 13602655189.

c) von oben: günstig (*wǔ bā jiǔ* klingt wie 我发久 *wǒ fā jiǔ* = ich werde lange reich); ungünstig (*wǔ yāo sì* klingt wie 我要死 *wǒ yào sǐ* = ich will sterben); ungünstig (*sì qī sì qī* klingt wie 死期死期 *sǐqī sǐqī* = Todeszeit, Zeit zu sterben); günstig (*wǔ yāo bā jiǔ* klingt wie 我要发久 *wǒ yào fā jiǔ* = ich will lange Wohlstand erlangen).

7

c) 1) Déguó shǒujī duōshǎo qián? 2) Qiánbāo duōshao qián? 3) Àodìlì huàfèi duōshao qián? 4) Ruìshī bāo duōshao qián?

8

a) a1, b3, c2, d1; b) a4, b5, c3, d4.

12

◆ 你好。	Nǐ hǎo.
● 你好！	Nǐ hǎo!
◆ 手机多少钱？	Shǒujī duōshao qián?
● 手机五百三十六元八角。	Shǒujī wǔbǎisānshíliù Yuán bā Jiǎo.
◆ 太贵。	Tài guì.
● 不贵，很便宜。	Bú guì, hěn piányi.
—	
● 你好！	Nǐ hǎo!
■ 你好！钱包多少钱？	Nǐ hǎo! Qiánbāo duōshao qián?
● 钱包二十八元九角。	Qiánbāo èrshíbā Yuán jiǔ Jiǎo.
■ 哦，钱包不很贵。	Ò, qiánbāo bù hěn guì.
● 钱包可不贵。	Qiánbāo kě bú guì.
—	
▼ 你好！多少钱？	Nǐ hǎo! Duōshao qián?
● 话费一百五十块钱。	Huàfèi yìbǎiwǔshí kuài qián.
▼ 也很贵。	Yě hěn guì.
● 不很贵。	Bù hěn guì.
—	
▲ 你好！包多少钱？	Nǐ hǎo! Bāo duōshao qián?
● 包三千七百四十八元六角钱。	Bāo sānqiān qībǎisìshíbā Yuán liù Jiǎo qián.
▲ 太贵太贵！	Tài guì tài guì!
● 不贵，好包不便宜。	Bú guì, hǎo bāo bù piányi.

10

a) 手机536元8角。b) 钱包28元9角。c) 话费150块钱。d) 包3748元6角钱。

13

1) f, j, k; 2) a, c, e, i, m; 3) b, d, g, h, l.

15

a) 1) 包 bāo; 2) 德国 Déguó; 3) 太贵 tài guì; 4) 三千六百元 sānqiān liùbǎi yuán; 5) 很便宜 hěn piányi; 6) 不大 bú dà.

b) 1) (Nǐ) Yào mǎi shénme dōngxi? 2) Shénme bāo? 3) Déguó bāo guì ma? 4) Duōshao qián? 5) Zhōngguó bāo duōshao qián?

13

▲ 我要买东西。	Wǒ yào mǎi dōngxi.
▼ 要买什么东西？	Yào mǎi shénme dōngxi?
▲ 我要买包包。	Wǒ yào mǎi bāobāo.
▼ 什么包？	Shénme bāo?
▲ 要买德国包。	Yào mǎi Déguó bāo.
▼ 德国包贵吗？	Déguó bāo guì ma?
▲ 不很贵。	Bù hěn guì.
▼ 多少钱？	Duōshao qián?
▲ 三千六百块钱。	Sānqiān liùbǎi kuài qián.
▼ 什么？三千六百元？太贵！	Shénme? Sānqiān liùbǎi Yuán? Tài guì!
中国包也很好，也不贵。	Zhōngguó bāo yě hěn hǎo, yě bú guì.
▲ 中国包多少钱？	Zhōngguó bāo duōshao qián?
▼ 八十块钱。	Bāshí kuài qián.
▲ 八十块钱！太便宜！好包不便宜！	Bāshí kuài qián! Tài piányi! Hǎo bāo bù piányi!
▼ 好，你买德国钱包。	Hǎo, nǐ mǎi Déguó qiánbāo.
钱包不大也不贵。	Qiánbāo bú dà yě bú guì.

c) 1) 她要买德国包。Tā yào mǎi Déguó bāo. 2) 中国包很便宜。Zhōngguó bāo hěn piányi.
3) 德国包太贵。Déguó bāo tài guì. 4) 钱包很小。Qiánbāo hěn xiǎo.

16
a4, b6, c5, d3, e2, f1.

18
a1, b4, c3, d2.

19
a) Richtig: 2, 3; falsch: 1, 4.
b) 1) 13714754747; 2) 价格很高。Jiàgé hěn gāo. 3) 13816835188;
4) 价格不高，价格很低。Jiàgé bù gāo, jiàgé hěn dī. (implizit)

14

◆	你好！	Nǐ hǎo!
▼	你好！	Nǐ hǎo!
◆	你买什么？	Nǐ mǎi shénme?
▼	我买手机号。	Wǒ mǎi shǒujīhào.
◆	我们现在买一送一。	Wǒmen xiànzài mǎi yī sòng yī.
▼	你们买什么，送什么？	Nǐmen mǎi shénme, sòng shénme?
◆	买手机号、送话费。	Mǎi shǒujīhào, sòng huàfèi.
▼	手机号多少钱？	Shǒujīhào duōshao qián?
◆	五十元钱，送三十元话费。	Wǔshí Yuán qián, sòng sānshí Yuán huàfèi.
▼	什么号码？	Shénme hàomǎ?
◆	一三七一四七五四七四七。	Yāo sān qī yāo sì qī wǔ sì qī sì qī.
▼	四七四七，死期死期，不好。	Sì qī sì qī, sǐ qī sǐ qī, bù hǎo.
◆	一三八一六八三五一八八呢？ “我要发发”，很好！	Yāo sān bā yāo liù bā sān wǔ yāo bā bā ne? „Wǒ yào fā fā“, hěn hǎo!
▼	嗯，好。也不便宜吗？	Ňg, hǎo. Yě bù piányi ma?
◆	还行还行，不贵不贵。	Hái xíng hái xíng, bú guì bú guì.
▼	不贵？多少钱？	Bú guì? Duōshao qián?
◆	手机号三百六十八块钱， 送一百六十八块钱话费！	Shǒujīhào sānbǎiliùshíbā kuài qián, sòng yìbǎiliùshíbā kuài qián huàfèi!
▼	哦，很贵？！	Ò, hěn guì?!

21
a) 最近 zuìjìn; b) 换钱; c) 欧元; d) 值钱.

23
a) 不热, 热, 不冷, 冷; b) 三, 四, 五, 九; c) 换钱, 欧元, 值, 人民币; d) 叫, 小, 姓, 老.

24
a2, b1, c4, d3.

25
b) 1) qǐng; 2) shǒu; 3) mǎi; 4) jiǎo.
c) 1. Zeile: blau, gelb, blau, grün; 2. Zeile: blau, gelb, grün, grün; 3. Zeile: blau, gelb, grün, blau; 4. Zeile: gelb, grün, grün, blau.

26
a) 1) 8; 2) yán, sprechen, 2; 3) shé, Zunge, 6.
b) 1) 9; 2) bèi, Kaurimuschel / Zahlungsmittel, 4.
c) 1) 10; 2) jīn, Gold / Metall, 5; 3) gē, Lanze / Hellebarde, 4 bzw. 5.

28
a) 我要买法国包。Wǒ yào mǎi Fǎguó bāo. b) 我(们)买一送一。Wǒ(men) mǎi yī sòng yī. c) 手机多少钱？ Shǒujī duōshao qián? d) 手机太贵。Shǒujī tài guì. e) 请再说一遍。Qǐng zài shuō yí biàn. f) 我要换钱。Wǒ yào huàn qián. g) 欧元值多少人民币？ Ōuyuán zhí duōshao Rénmínbì?

Wiederholung und Test (1–3)

1
a) Xièxie. b) Míngtiān jiàn! c) Wǒ bù zhīdao. d) Qǐng wèn ...; e) Wǒ jiào ...; f) Hǎo jiǔ bú jiàn le. g) Zàijiàn!

2
1b, 2g, 3e, 4a, 5d, 6c, 7f.

3
Richtig: b, c, e; Falsch: a, d, f, g.

4
a3, b2, c4, d1, e4, f4, g3.

LEKTION 4

顾客们，欢迎光临！

Gùkèmen, huānyíng guānglín!

1
a) 银行 yínháng; b) 同学 tóngxué; c) 书法作品 shūfǎzuòpǐn; d) 数字 shùzì.

2
a-3, b-4, c-1 / c-8, d-2 / d-6, e-7, f-5.

6
1d, 2c, 3b, 4a.

19
1) 我们今天买一送一，买两件衣服送一件。 Wǒmen jīntiān mǎi yī sòng yī, mǎi liǎng jiàn yīfu sòng yí jiàn.
2) 三张光碟二十块钱。 Sān zhāng guāngdié èrshí kuài qián.
3) 茶叶可不贵。 Cháyè kě bú guì.
4) 中国筷子很便宜。 Zhōngguó kuàizi hěn piányi.

8
a) 同学买十双筷子。Tóngxué mǎi shí shuāng kuàizi. b) 爸爸买八只茶杯。Bàba mǎi bā zhī chábēi. c) 德国人买三件衣服。Déguórén mǎi sān jiàn yīfu. d) 瑞士人买四张光碟。Ruìshīrén mǎi sì zhāng guāngdié. e) 奥地利人买五包茶叶。Àodìlìrén mǎi wǔ bāo cháyè.

9
a) 这是什么？ Zhè shì shénme? b) 那是谁？ Nà shì shéi? c) 这个手机贵吗？ Zhè ge shǒujī guì ma? d) 那件衣服不便宜。Nà jiàn yīfu bù piányi.

11
a) Nǐ mǎi liǎng ge bāo ba! b) Nǐ zhīdao ba. c) Nǐ wèn tā ba! e) Guāngdié bú guì ba.

12
a) 吧 ba, 吗 ma, 呢 ne; b) 吧 ba, 吗 ma, 呢 ne; c) 吧 ba, 吗 ma; d) 吧 ba, 吧 ba.

14
a) Dieses chinesische Geschäft ist doch nicht klein. b) Dieses Ding ist doch viel wert, oder?
c) Stell sie doch mal vor! d) Schenk doch eine DVD! e) Das (jenes) ist doch eine Raubkopie!

15
a) DVDs; b) Raubkopien; c) 3 zum Preis von 2; d) 12 Yuan; e) ja.

20

●	您好，欢迎光临！	Nín hǎo, huānyíng guānglín!
◆	你好。	Nǐ hǎo.
●	您要买什么光碟？都很便宜。	Nín yào mǎi shénme guāngdié? Dōu hěn piányi.
◆	哈哈哈，很便宜！都是盗版光碟吧？	Hāhāhā, hěn piányi! Dōu shì dàobǎn guāngdié ba?
●	瞎说！我不卖盗版光碟。	Xiāshuō! Wǒ bú mài dàobǎn guāngdié.
◆	正版光碟不便宜吧。	Zhèngbǎn guāngdié bù piányi ba.
	那张多少钱？	Nà zhāng duōshao qián?
●	您买两张我送一张，	Nín mǎi liǎng zhāng wǒ sòng yì zhāng,
	十二元人民币。	shíèr Yuán Rénmínbì.
◆	那张我不要。	Nà zhāng wǒ bú yào.
●	你买这两张吧。	Nǐ mǎi zhè liǎng zhāng ba.
◆	好。我买这两张。	Hǎo. Wǒ mǎi zhè liǎng zhāng.

17
a3, b5, c4, d6, e1, f2.

18
Richtig: b, e, f; falsch: a, c, d.

21

◆	您好。欢迎，欢迎。	Nín hǎo. Huānyíng, huānyíng.
▲	你好。	Nǐ hǎo.
◆	你要买什么？	Nǐ yào mǎi shénme?
▲	要买茶叶。	Yào mǎi cháyè.
◆	买什么茶叶？	Mǎi shénme cháyè?
▲	不知道。要买好茶叶。	Bù zhīdao. Yào mǎi hǎo cháyè.
◆	中国茶叶都很好。是中国特产吧。	Zhōngguó cháyè dōu hěn hǎo. Shì Zhōngguó tèchǎn ba.
▲	好，一包多少钱？	Hǎo, yì bāo duōshao qián?
◆	我们今天买一送一。	Wǒmen jīntiān mǎi yī sòng yī.
▲	买什么，送什么？	Mǎi shénme, sòng shénme?
◆	买三包茶叶，送六只茶杯。	Mǎi sān bāo cháyè, sòng liù zhī chábēi.
▲	三包茶叶一共多少钱？	Sān bāo cháyè yígòng duōshao qián?
▼	哎，小李，你花太多钱。	Āi, Xiǎo Lǐ, nǐ huā tài duō qián.
	咱们买光碟吧。你看！	Zánmen mǎi guāngdié ba. Nǐ kàn!
	他们买一送一。	Tāmen mǎi yī sòng yī.
▲	那是盗版光碟吧，我不买，	Nà shì dàobǎn guāngdié ba, wǒ bù mǎi,
	我买茶叶。	wǒ mǎi cháyè.
▼	不是，他们只卖正版光碟。	Bú shì, tāmen zhǐ mài zhèngbǎn guāngdié.
	买两张«007»送一张李小龙。	Mǎi liǎng zhāng «007» sòng yì zhāng Lǐ Xiǎolóng.
◆	茶叶和光碟你都买吧！	Cháyè hé guāngdié nǐ dōu mǎi ba!
	中国茶叶很值钱，«007»、	Zhōngguó cháyè hěn zhíqián, «007»,
	李小龙他们都很帅啊。	Lǐ Xiǎolóng tāmen dōu hěn shuài a.
▲	都买？！太贵！	Dōu mǎi?! Tài guì!

▼ 小李，咱们买光碟吧！ Xiǎo Lǐ, zánmen mǎi guāngdié ba!
◆ 光碟不贵，茶叶也不贵。 Guāngdié bú guì, cháyè yě bú guì.
▲ 老板，我们买茶叶，你们送光碟吗？ Lǎobǎn, wǒmen mǎi cháyè, nǐmen sòng guāngdié ma?

20
a) «007»、茜茜公主，我们都卖。«007», Xīxī gōngzhǔ, wǒmen dōu mài.
b) 我们只卖衣服，不卖包。Wǒmen zhǐ mài yīfu, bú mài bāo.
c) 手机和话费一共卖120元。Shǒujī hé huàfèi yígòng mài 120 yuán.
d) 茶叶和光碟，我都买。Cháyè hé guāngdié, wǒ dōu mǎi.
e) 他们都不买。Tāmen dōu bù mǎi.
f) 顾客只买茶杯。Gùkè zhǐ mǎi chábēi.

22
a) 这是谁的钱包？ Zhè shì shéi de qiánbāo? b) 谁的茶杯很值钱？ Shéi de chábēi hěn zhíqián?
c) 谁的钱不多？ Shéi de qián bù duō?

23
a) 我的老板姓李。Wǒ de lǎobǎn xìng Li. b) 我们的商店很大。Wǒmen de shāngdiàn hěn dà.
c) 商店的特产很多。Shāngdiàn de tèchǎn hěn duō. d) 那个中国人是很高。Nà ge Zhōngguórén shì hěn gāo. e) 顾客买便宜的东西。Gùkè mǎi piányi de dōngxī.

24
Individuelle Lösung. Hinweis: Einsilbige Adjektive: 的 *de* ist fakultativ; zweisilbige Adjektive: mit 的 *de* (Ausnahmen: 很多 *hěn duō* und 很少 *hěn shǎo*).

25
a) 天气 tiānqì; b) 老板 lǎobǎn; c) 品牌 pǐnpái; d) 件 jiàn.

26
a8, b3, c4, d1, e5, f6, g2, h7.

28
a3, b1, c4, d2.

29
b) zhùyì, zàijiàn, jièshào, zuìjìn.
c) 1. Zeile: rot, blau, gelb, blau; 2. Zeile: grün, blau, rot, gelb; 3. Zeile: grün, grün, rot, blau; 4. Zeile: gelb, grün, blau, gelb; 5. Zeile: grün, grün, blau, rot.

30
a) 1) 6; 2) ér, Mensch, 2; 3) huǒ, Feuer, 4.
b) 1) 9; 2) mù, Auge, 5; 3) shǒu, Hand, 4.
c) 1) 7; 2) mù, Holz, 4; 3) zǐ, Kind, Sohn, 3.

32
a) 我要买一件中国书法作品。Wǒ yào mǎi yì jiàn Zhōngguó shūfǎzuòpǐn.
b) 那两件衣服多少钱？ Nà liǎng jiàn yīfu duōshao qián?
c) 你卖盗版光碟吧。Nǐ mài dàobǎn guāngdié ba.
d) 你问他吧！ Nǐ wèn tā ba!
e) 一共卖多少钱？ Yígòng mài duōshao qián?
f) 老板 Lǎobǎn; g) 我买两瓶香水。Wǒ mǎi liǎng píng xiāngshuǐ.

祝你生日快乐！

Zhù nǐ shēngrì kuàilè!

1
Waagerecht: 1) bàba; 2) háizi; 3) dìdi; 4) mèimei; 5) yéye; 6) xiānsheng; 7) jiā; 8) érzi; 9) nǚ'ér.
Senkrecht: 10) nǎinai; 11) māma; 12) tàitai; 13) fùmǔ; 14) jiějie; 15) sūnnǚ; 16) xiōngdì jiěmèi; 17) gēge.

2
1) Weiblich: c, d, g, h, j; 2) Männlich: a, b, e, f, i.

4
a) 妈妈 Māma; b) 妈妈 māma; c) 妈妈 māma; d) 儿子和女儿 érzi hé nǚ'ér; e) 我们 wǒmen;
f) 兄弟姐妹 xiōngdì jiěmèi.

5
1) Bei beiden aus 5 Personen; 2) Mann: 0, Frau: 3; 3) 2; 4) Ihrer Oma: gut; ihrem Opa: nicht so gut; seinen Eltern gut.

26

1
▲ 请问，你家有几口人？ Qǐngwèn, nǐ jiā yǒu jǐ kǒu rén?
▼ 我家有五口人。你家呢？ Wǒ jiā yǒu wǔ kǒu rén. Nǐ jiā ne?
▲ 我家也有五口人。 Wǒ jiā yě yǒu wǔ kǒu rén.

2
▲ 你有兄弟姐妹吗？ Nǐ yǒu xiōngdì jiěmèi ma?
◆ 没有。很多中国人一家只有一个孩子。你有兄弟姐妹吗？ Méi yǒu. Hěn duō Zhōngguórén yí jiā zhǐ yǒu yí ge háizǐ. Nǐ yǒu xiōngdì jiěmèi ma?
▲ 有。有两个哥哥，一个妹妹。 Yǒu. Yǒu liǎng ge gēge, yí ge mèimei.

3
● 你有孩子吗？ Nǐ yǒu háizi ma?
▲ 有。 Yǒu.
● 有几个？ Yǒu jǐ ge?
▲ 有两个，一个女儿一个儿子。 Yǒu liǎng ge, yí ge nǚ'ér yí ge érzi.

4
▼ 你爷爷奶奶最近好吗？ Nǐ yéye nǎinai zuìjìn hǎo ma?
▲ 奶奶很好，爷爷不太好。天气太热。你父母好吗？ Nǎinai hěn hǎo, yéye bú tài hǎo. Tiānqì tài rè. Nǐ fùmǔ hǎo ma?
▼ 很好，谢谢。 Hěn hǎo, xièxie.

7
1) 你家有几口人？ Nǐ jiā yǒu jī kǒu rén? 2) 他有两个弟弟。 Tā yǒu liǎng gè dìdi.
3) 父母最近马马虎虎。 Fùmǔ zuìjìn mǎmǎhūhū. 4) 孙女叫什么名字？ Sūnnǚ jiào shénme míngzi?

8
b, d, e, f.

10
a6, b4, c5, d1, e2, f3.

11

a) 妈妈送女儿的衣服太小。 Māma sòng nǚ'ér de yīfú tài xiǎo. b) 他喜欢的白酒很贵。 Tā xǐhuan de báijiǔ hěn guì. c) 孩子给的礼物不大。 Háizi gěi de lǐwù bú dà. d) 姐姐介绍的同学很多。 Jiějie jièshào de tóngxué hěn duō.

12

a) zwischen einer Frau und ihrem älteren Bruder; b) Geburtstag der Mutter; c) für DVDs; d) sie soll ein Geschenk von beiden kaufen. e) eine Sissi-DVD; f) Er tauscht seine James-Bond-DVD mit der Sissi-DVD der Schwester und schenkt diese dann der Mutter.

27

▲ 哥哥，明天是妈妈的生日，你知道吗？	Gēge, míngtiān shì māma de shēngrì, nǐ zhīdao ma?
◆ 知道知道。	Zhīdao zhīdao.
▲ 我们送她什么礼物？	Wǒmen sòng tā shénme lǐwù?
◆ 嗯，最近我的钱不多。	Ňg, zuìjìn wǒ de qián bù duō.
▲ 你最近买的光碟太多。	Nǐ zuìjìn mǎi de guāngdié tài duō.
◆ 你买咱们送妈妈的礼物吧。	Nǐ mǎi zánmen sòng māma de lǐwù ba.
▲ 不行，我只买我送的礼物。你送妈妈一张光碟吧。	Bù xíng, wǒ zhǐ mǎi wǒ sòng de lǐwù. Nǐ sòng māma yì zhāng guāngdié ba.
◆ 不好。我的光碟妈妈都不喜欢。	Bù hǎo. Wǒ de guāngdié māma dōu bù xǐhuan.
▲ 瞎说。	Xiāshuō.
◆ 这是什么光碟？是你买的吗？	Zhè shì shénme guāngdié? Shì nǐ mǎi de ma?
▲ 是《茜茜公主》，是我昨天买的。	Shì «Xīxī gōngzhǔ», shì wǒ zuótiān mǎi de.
◆ 你送我这张吧。妈妈很喜欢《茜茜公主》，我送你我今天买的«007»，好吗？	Nǐ sòng wǒ zhè zhāng ba. Māma hěn xǐhuan «Xīxī gōngzhǔ», wǒ sòng nǐ wǒ jīntiān mǎi de «007», hǎo ma?

13

a) 用 yòng; b) 喜欢 xǐhuan; c) 祝 zhù; d) 送 sòng (oder 给 gěi); e) 有 yǒu; f) 给 gěi (oder 送 sòng).

14

a) 客人送不送一瓶香水？ Kèren sòng bú sòng yì píng xiāngshuǐ? b) Wegen Adverb 再 *zài* keine Umwandlung möglich. c) 客人多不多？ Kèren duō bù duō? d) 姐姐请不请客？ Jiějie qǐng bù qǐngkè? e) 你明天来不来？ Nǐ míngtiān lái bù lái? f) 你买的礼物贵不贵？ Nǐ mǎi de lǐwù guì bú guì?

16

a3, b1, c4, d2.

17

Übersetzung nah am Ausgangstext: a) Die Kleidung der älteren Schwester ist teuer. b) Die DVDs, die der ältere Bruder in letzter Zeit gekauft hat, sind zu teuer. c) Der „Rote Umschlag", den mir die Großmutter geschenkt hat, ist wertvoll (groß). d) Ist das, was ich dir geschenkt habe, gut? e) Das, was er mag, wollen die Eltern nicht geben. f) Der / die / das große ist meins, der / die / das kleine ist seins.

18

	一个蛋糕	两个蛋糕	三个蛋糕
名字	李小帅	李同贵	李明
钱	35	85	150
白酒	五瓶白酒	两瓶白酒	不买白酒
兄弟姐妹	两个妹妹	一个弟弟	两个哥哥

20

1) Richtig: 1a, 1b, 1c, 2c, 3a, 3c; falsch: 1d, 2a, 2b, 2d, 3b, 3d.

28

◆	那是谁?	Nà shì shéi?
■	也是思思请的客人。	Yě shì Sīsī qǐng de kèren.
●	他是奥地利人吧?	Tā shì Àodìlìrén ba?
■	不是，是德国人。	Bú shì, shì Déguórén.
◆	是不是思思的好朋友?	Shì bú shì Sīsī de hǎo péngyou?
■	不知道，只是思思的一个朋友吧。	Bù zhīdao, zhǐ shì Sīsī de yí ge péngyou ba.
●	说到曹操，曹操就到。	Shuō dào Cáo Cāo, Cáo Cāo jiù dào.
▲	你们好，我是思思的老同学。	Nǐmen hǎo, wǒ shì Sīsī de lǎo tóngxué.
■	你好！我是思思的好朋友，	Nǐ hǎo! Wǒ shì Sīsī de hǎo péngyou,
	我叫茜茜。我介绍一下，	wǒ jiào Xīxī. Wǒ jièshào yíxià,
	这是我先生，孙好。	zhè shì wǒ xiānshēng, Sūn Hǎo.
◆	你好!	Nǐ hǎo!
■	那是茜茜的老板，毛老板。	Nà shì Xīxī de lǎobǎn, Máo lǎobǎn.
●	你好!	Nǐ hǎo!
—-		
◆	李小双！好久不见了！	Lǐ Xiǎoshuāng! Hǎo jiǔ bú jiàn le!
▼	你是……孙好！好久不见了！	Nǐ shì ... Sūn Hǎo! Hǎo jiǔ bú jiàn le!
◆	是啊，老同学，你最近忙吗?	Shì a, lǎo tóngxué, nǐ zuìjìn máng ma?
▼	很忙。你呢?	Hěn máng. Nǐ ne?
◆	马马虎虎，还好，不太忙。	Mǎma hūhū, hái hǎo, bú tài máng.
▼	你没有我的手机号码吧?	Nǐ méi yǒu wǒ de shǒujī hàomǎ ba?
◆	这是不是你最近买的手机?	Zhè shì bú shì nǐ zuìjìn mǎi de shǒujī?
▼	是啊，买一送一，买手机送话费。	Shì a, mǎi yī sòng yī, mǎi shǒujī sòng huàfèi.
◆	这个手机真漂亮。	Zhè ge shǒujī zhēn piàoliang.
	你的手机号码是多少?	Nǐ de shǒujī hàomǎ shì duōshǎo?
▼	1385898168.	1385898168.
◆	哈哈，这个号码真好啊！贵不贵?	Hāhā, zhè ge hàomǎ zhēn hǎo a! Guì bú guì?
▼	不便宜。我太忙，	Bù piányi. Wǒ tài máng,
	手机号是老板送的。	shǒujī hào shì lǎobǎn sòng de.
—-		
▲	那是不是你送思思的礼物?	Nà shì bú shì nǐ sòng Sīsī de lǐwù?
▼	嗯，香水，你是她好朋友，	Ńg, xiāngshuǐ, nǐ shì tā hǎo péngyou,
	你说，她喜欢不喜欢?	nǐ shuō, tā xǐhuan bù xǐhuan?
▲	当然喜欢。朋友的礼物她都喜欢。	Dāngrán xǐhuan. Péngyou de lǐwù tā dōu xǐhuan.
●	是法国香水吗?	Shì Fǎguó xiāngshuǐ ma?
▼	是法国的。	Shì Fǎguó de.
●	香水是法国的特产，价格很高吧！	Xiāngshuǐ shì Fǎguó de tèchǎn, jiàgé hěn gāo ba!
▼	还好，打折，一共两瓶，不太贵。	Hái hǎo, dǎ zhé, yígòng liǎng píng, bú tài guì.
▲	这两瓶香水你都送思思吗?	Zhè liǎng píng xiāngshuǐ nǐ dōu sòng Sīsī ma?
▼	是，两瓶都很小。	Shì, liǎng píng dōu hěn xiǎo.

21

a2, b4, c1, d5, e3, f6.

22

a3, b4, c2, d1.

23

Shuō dào Cáo Cāo, Cáo Cāo jiù dào.

24
a) 1) 10; 2) mián, Dach, 3; 3) shǐ, Schwein, 7.
b) 1) 8; 2) nǚ, Frau, 3; 3) 5.
c) 1) 5; 2) kǒu, Mund, 3; 3) ér, Mensch, 2.

26
a) 你家有几口人？ Nǐ jiā yǒu jǐ kǒu rén? b) 我没有兄弟姐妹。 Wǒ méi yǒu xiōngdì jiěmèi.
c) 祝你生日快乐！ Zhù nǐ shēngrì kuàilè! d) 不用送礼物。 Bú yòng sòng lǐwù.
e) 明天开派对。 Míngtiān kāi pàiduì. f) 我请三十个朋友。 Wǒ qǐng sān shí ge péngyou.
g) 这是我的先生。 Zhè shì wǒ de xiānsheng. h) 你的衣服真漂亮。 Nǐ de yīfu zhēn piàoliang.

LEKTION 6

你爱不爱吃蔬果？

Nǐ ài bú ài chī shū guǒ?

1
1) 水果 shuǐguǒ: b, c, d, e, h; 2) 蔬菜 shūcài: a, f, g, i, j.

3
a) 我买三斤苹果。一共花五块四毛钱。 Wǒ mǎi sān jīn píngguǒ. Yígòng huā wǔ kuài sì máo qián.
b) 我买六斤西瓜。一共花四块八毛钱。 Wǒ mǎi liù jīn xīguā. Yígòng huā sì kuài bā máo qián.
c) 我买一斤荔枝。花五块四毛。 Wǒ mǎi yì jīn lìzhī. Huā wǔ kuài sì máo.
d) 我买两斤香蕉。一共花八块八毛。 Wǒ mǎi liǎng jīn xiāngjiāo. Yígòng huā bā kuài bā máo.
e) 我买四斤梨。一共花十块钱。 Wǒ mǎi sì jīn lí. Yígòng huā shí kuài qián.
Gesamt: 一共花三十四元四毛钱。 Yígòng huā sānshísì yuán sì máo qián.

5
a) 他赚五元七毛钱。 Tā zhuàn wǔ yuán qī máo qián. b) 他赚四元六毛钱。 Tā zhuàn sì yuán liù máo qián. c) 他赚十九元四毛钱。 Tā zhuàn shíjiǔ yuán sì máo qián. d) 他赚十四元八毛钱。 Tā zhuàn shísì yuán bā máo qián.

6
a) Ob der Verkäufer gutes Obst hat. b) Litschi; c) 1 Pfund Birnen, 250g Litschi; d) 6,50 Yuan.

31

◆ 先生，您要什么呢？	Xiānsheng, nín yào shénme ne?
▼ 我要一点儿水果。有什么好的？	Wǒ yào yìdianr shuǐguǒ. Yǒu shénme hǎo de?
◆ 今天的荔枝很好。	Jīntiān de lìzhī hěn hǎo.
▼ 多少钱一斤？	Duōshao qián yì jīn?
◆ 九块八毛一斤。	Jiǔ kuài bā máo yì jīn.
▼ 太贵了！梨多少钱一斤？	Tài guì le! Lí duōshao qián yì jīn?
◆ 三块五毛一斤。很便宜了。	Sān kuài wǔ máo yì jīn. Hěn piányi le.
▼ 梨的价格还行。我给你六块钱，你给我一斤梨和五两荔枝。	Lí de jiàgé hái xíng. Wǒ gěi nǐ liù kuài qián, nǐ gěi wǒ yì jīn lí hé wǔ liǎng lìzhī.
◆ 太少了，不行。我不赚钱。	Tài shǎo le, bù xíng. Wǒ bù zhuàn qián.
▼ 瞎说。你要多少钱？	Xiā shuō. Nǐ yào duōshao qián?
◆ 给我七块五吧。	Gěi wǒ qī kuài wǔ ba.
▼ 给你六块五。	Gěi nǐ liù kuài wǔ.
◆ 哎哟，好好好。	Āiyō, hǎo hǎo hǎo.

8

a) 他买半斤。Tā mǎi bàn jīn. b) 她买一斤半。Tā mǎi yì jīn bàn. c) 她买一斤半。Tā mǎi yì jīn bàn. d) 他买半斤。Tā mǎi bàn jīn.

9

a) 梨三块多一斤。Lí sān kuài duō yì jīn. b) 香蕉五块多一斤。Xiāngjiāo wǔ kuài duō yì jīn. c) 姜六块多一斤。Jiāng liù kuài duō yì jīn. d) 西兰花两块多一斤。Xīlánhuā liǎng kuài duō yì jīn.

11

a) 荔枝我一定要甜的，不一定要红的。Lìzhī wǒ yídìng yào tián de, bù yídìng yào hóng de.
b) 西瓜我一定要熟的，不一定要甜的。Xīguā wǒ yídìng yào shú de, bù yídìng yào tián de.
c) 番茄我一定要红的，不一定要大的。Fānqié wǒ yídìng yào hóng de, bù yídìng yào dà de.
d) 香蕉我一定要好的，不一定要熟的。Xiāngjiāo wǒ yídìng yào hǎo de, bù yídìng yào shú de.

13

Richtig: c, d; falsch: a, b, e, f.

32

▲	妈，今天天气真热。	Mā, jīntiān tiānqì zhēn rè.
	你要不要吃一点儿梨？	Nǐ yào bú yào chī yìdianr lí?
●	好的，我要一块。	Hǎo de, wǒ yào yí kuài.
▲	爸爸也要吗？	Bàba yě yào ma?
●	我不知道，你问问他吧。	Wǒ bù zhīdao, nǐ wènwen tā ba.
▲	爸爸，你要一点儿梨吗？	Bàba, nǐ yào yìdianr lí ma?
	很新鲜也很甜的。	Hěn xīnxian yě hěn tián de.
▼	好，我也要一块。——哦，很好。	Hǎo, wǒ yě yào yí kuài. – Ò, hěn hǎo.
	这是谁买的？	Zhè shì shéi mǎi de?
▲	是老板送的。	Shì lǎobǎn sòng de.
	他太太昨天买的梨太多了。	Tā tàitai zuótiān mǎi de lí tài duō le.
▼	那是什么？	Nà shì shénme?
▲	那是番茄，两斤多，也是她送的。	Nà shì fānqié, liǎng jīn duō, yě shì tā sòng de.
▼	哈哈哈。她太好了。	Hāhāhā. Tā tài hǎo le.
	我们也送她们家一个大西瓜吧！	Wǒmen yě sòng tāmen jiā yí ge dà xīguā ba!

14

a) 这位先生买大蒜。Zhè wèi xiānsheng mǎi dàsuàn. b) 今天的苹果不甜。Jīntiān de píngguǒ bù tián. c) 售货员赚不少钱。Shòuhuòyuán zhuàn bù shǎo qián. d) 姜新鲜不新鲜？ Jiāng xīnxiān bù xīnxiān?

15

a) 甜 tián; b) 爱 ài; c) 注意 zhùyì; d) 香水 xiāngshuǐ.

16

a6, b4, c5, d2, e1, f8, g3, h7.

17

b) a7, b6, c8, d4, e3, f5, g2, h1.

18

a) 李思元觉得中国茶很好喝。Lǐ Sīyuán juéde Zhōngguó chá hěn hǎo hē.
b) 张正和觉得水果蛋糕很好吃。Zhāng Zhènghé juéde shuǐguǒ dàngāo hěn hǎo chī.
c) 李元元觉得法国衣服很好。Lǐ Yuányuán juéde Fǎguó yīfu hěn hǎo.
d) 孙女觉得（老板卖的）西瓜很甜。Sūnnǚ juéde (lǎobǎn mài de) xīguā hěn tián.

19

a) Er bittet um etwas Geld. b) Sie will wissen, was er kaufen möchte und sagt dann, dass sie kein Geld hat. c) Einen Kuchen; d) Als gutaussehend; e) Gemüse und grünen Tee.

33 ◆	妈妈，你能不能给我一点儿钱？	Māma, nǐ néng bù néng gěi wǒ yìdianr qián?
●	你要买什么？	Nǐ yào mǎi shénme?
◆	我想买一个蛋糕。 明天是我好朋友的生日。	Wǒ xiǎng mǎi yí ge dàngāo. Míngtiān shì wǒ hǎo péngyou de shēngrì.
●	你问问爸爸他有没有钱。 我现在没有。今天还要买菜。	Nǐ wènwen bàba tā yǒu méi yǒu qián. Wǒ xiànzài méi yǒu. Jīntiān hái yào mǎi cài.
◆	我们今天吃什么？	Wǒmen jīntiān chī shénme?
●	吃蔬菜。很好吃。你一定喜欢。	Chī shūcài. Hěn hǎo chī. Nǐ yídìng xǐhuan.
◆	我的朋友能不能来吃饭？	Wǒ de péngyou néng bù néng lái chīfàn?
●	是哪个朋友？	Shì nǎ ge péngyou?
◆	是李明。	Shì Lǐ Míng.
●	李明是谁？是那个好看的吗？	Lǐ Míng shì shéi? Shì nà ge hǎokàn de ma?
◆	是他。	Shì tā.
●	他爱不爱吃蔬菜？	Tā ài bú ài chī shūcài?
◆	爱吃。	Ài chī.
●	他喝绿茶吗？	Tā hē lǜchá ma?
◆	也喝。	Yě hē.
●	好，你请他吧。	Hǎo, nǐ qǐng tā ba.
◆	爸爸，你能不能给我一点儿钱？ 我想买给朋友的礼物。	Bàba, nǐ néng bù néng gěi wǒ yìdianr qián? Wǒ xiǎng mǎi gěi péngyou de lǐwù.

20

a) 能不能 néng bù néng; b) 吃 chī; c) 好吃 hǎo chī; d) 好看 hǎokàn; e) 爱喝 ài hē; f) 给朋友 gěi péngyou.

21

a) 老板很好看。Lǎobǎn hěn hǎokàn. b) 朋友送我的水果蛋糕真好吃。Péngyou sòng wǒ de shuǐguǒ dàngāo zhēn hǎo chī. c) 这个手机不好用。Zhè ge shǒujī bù hǎo yòng.
d) 我觉得红茶不太好喝。Wǒ juéde hóngchá bú tài hǎo hē.

22

a) 你是不是德国人？/你是德国人吗？ Nǐ shì bú shì Déguórén? / Nǐ shì Déguórén ma?
b) 你爱不爱吃黄瓜？/你爱吃黄瓜吗？ Nǐ ài bú ài chī huángguā? / Nǐ ài chī huángguā ma?
c) 你们都来吗？ Nǐmen dōu lái ma? d) 你是谁？ Nǐ shì shéi? e) 你叫什么名字？ Nǐ jiào shénme míngzi?

23

a) 妈妈问他要买什么。Māma wèn tā yào mǎi shénme.
b) 儿子问她今天吃什么。Érzi wèn tā jīntiān chī shénme.
c) 儿子问妈妈他的朋友能不能来吃饭？Érzi wèn māma tā de péngyou néng bù néng lái chīfàn.
d) 妈妈问他是哪个朋友。Māma wèn tā shì nǎ ge péngyou.
e) 妈妈问他李明是谁。Māma wèn tā Lǐ Míng shì shéi.
f) 妈妈问儿子他是不是那个好看的。Māma wèn érzi tā shì bú shì nà ge hǎokàn de.
g) 妈妈问儿子朋友爱不爱吃蔬菜。Māma wèn érzi péngyou ài bú ài chī shūcài.
h) 妈妈问他朋友喝不喝绿茶。Māma wèn tā péngyou hē bù hē lǜchá.
i) 儿子问爸爸能不能给他一点儿钱。Érzi wèn bàba néng bù néng gěi tā yìdiǎnr qián.

24

a4, b3, c2, d1.

25
Láo kǔ gōng gāo.

26
a) 1) 14; 2) yú, Fisch, 8; 3) yáng, Schaf / Ziege, 6.
b) 1) 7; 2) rén, Mensch, 2; 3) lì, stehen, 5.
c) 1) 11; 2) cǎo, Gras, 3; 3) 8.

28
a) 我要五两荔枝。Wǒ yào wǔ liǎng lìzhī. b) 五块多太贵了。Wǔ kuài duō tài guì le.
c) 西瓜甜不甜？ Xīguā tián bù tián? d) 慢走。Màn zǒu. e) 我爱吃大蒜。Wǒ ài chī dàsuàn.
f) 绿茶很好喝。Lǜchá hěn hǎo hē. g) 不谢。Bú xiè. h) 下次再来。Xià cì zài lái.

Wiederholung und Test (4–6)

1
a) 那件衣服很贵吧。Nà jiàn yīfu hěn guì ba. b) 老板，一共多少钱？ Lǎobǎn, yígòng duōshao qián? c) 你有兄弟姐妹吗？ Nǐ yǒu xiōngdì jiěmèi ma? d) 祝你生日快乐。Zhù nǐ shēngrì kuàilè! e) 你太过奖了。Nǐ tài guòjiǎng le. f) 劳苦功高。Láo kǔ gōng gāo. g) 我觉得中国茶真好喝。Wǒ juéde Zhōngguó chá zhēn hǎo hē.

2
1d, 2f, 3e, 4a, 5g, 6c, 7b.

3
a3, b2, c4, d1; e) 188 Yuan; f) Schwarzen Tee, er nimmt aber dann grünen Tee; g) Die Dinge, die sie sich wünscht, sind zu teuer.

4
Richtig: b, e, g; falsch: a, c, d, f.

说一下今天的安排。

Shuō yíxià jīntiān de ānpái.

7 LEKTION

1
a2, b11, c8, d4, e5, f6, g7, h1, i10, j13, k12, l3, m14, n9.

3
a) 几月几号 jǐ yuè jǐ hào; b) 中午 zhōngwǔ; c) 星期天 xīngqītiān; d) 晚上 wǎnshang.

4
a) 你的生日是几月几号？ Nǐ de shēngrì shì jǐ yuè jǐ hào? b) 我们十二点一刻吃午饭。Wǒmen shíèr diǎn yí kè chī wǔfàn. c) 瑞士人明天早上要换钱。Ruìshìrén míngtiān zǎoshang yào huànqián.
d) 上个星期二天气不好。Shàng ge xīngqīèr tiānqì bù hǎo. e) 他十五岁。Tā shíwǔ suì.
f) 你多大？ Nǐ duō dà?

7

Richtig: b, d, e; falsch: a, c, f.

38

▲ 喂！	Wèi!
▼ 喂，思思，我是马红。	Wèi, Sīsī, wǒ shì Mǎ Hóng.
▲ 你好！	Nǐ hǎo!
▼ 谢谢你们请我吃晚饭。	Xièxie nǐmen qǐng wǒ chī wǎnfàn.
可是我今天没有时间，很忙。	Kěshì wǒ jīntiān méi yǒu shíjiān, hěn máng.
▲ 哦，李明告诉我他的女朋友也很忙，	Ò, Lǐ Míng gàosu wǒ tā de nǚpéngyou yě hěn máng,
也不能来。你下个星期有时间吗？	yě bù néng lái. Nǐ xià ge xīngqī yǒu shíjiān ma?
▼ 下个星期行。	Xià ge xīngqī xíng.
▲ 好，我们下个星期四请客。	Hǎo, wǒmen xià ge xīngqīsì qǐngkè.
就是十八号。	Jiù shì shíbā hào.
▼ 咱们下个星期见。	Zánmen xià ge xīngqī jiàn.
▲ 再见。	Zàijiàn.

8

Telefonanruf: Ansage auf einem Anrufbeantworter.

10

a) 早上七点差一刻马红起床。Zǎoshang qī diǎn chà yíkè Mǎ Hóng qǐchuáng. b) 她早上七点洗澡。Tā zǎoshàng qī diǎn xǐzǎo. c) 早上七点半吃早饭。Zǎoshàng qī diǎn bàn chī zǎofàn. d) 早上九点上班。Zǎoshang jiǔ diǎn shàngbān. e) 中午十二点十分她吃午饭。Zhōngwǔ shíèr diǎn shí fēn tā chī wǔfàn. f) 下午三点差十分她看电视。Xiàwǔ sān diǎn chà shí fēn tā kàn diànshì. g) 下午三点二十分买衣服。Xiàwǔ sān diǎn èrshí fēn mǎi yīfú. h) 晚上六点半吃晚饭。Wǎnshàng liù diǎn bàn chī wǎnfàn. i) 晚上九点四十分开派对。Wǎnshang jiǔ diǎn sìshí fēn kāi pàiduì. j) 晚上十二点睡觉。Wǎnshang shíèr diǎn shuìjiào.

11

a) 早上起床，洗澡，吃早饭。Zǎoshang qǐchuáng, xǐzǎo, chī zǎofàn. b) 上午上班。Shàngwǔ shàngbān. c) 中午吃午饭。Zhōngwǔ chī wǔfàn. d) 下午看电视，买衣服。Xiàwǔ kàn diànshì, mǎi yīfu. e) 晚上吃晚饭，开派对，睡觉。Wǎnshang chī wǎnfàn, kāi pàiduì, shuìjiào.

12

Von den deutschen Entsprechungen auf Seite 124 ausgehend: 1) 1g; 2) 6c; 3) 5a; 4) 8f; 5) 4b; 6) 3h; 7) 2e; 8) 7d.

14

中	滩	午	海	**参**	她	上	观	外
观	参	外	**中**	午	**上**	她	海	滩
上	**海**	她	**外**	滩	**观**	中	**午**	参
海	外	中	**滩**	**上**	**午**	观	参	她
她	**上**	**参**	观	海	中	**外**	**滩**	**午**
滩	午	观	**参**	**她**	**外**	海	上	中
参	**她**	滩	**上**	中	**海**	午	**外**	观
午	观	海	**她**	外	**滩**	参	中	上
外	中	上	午	**观**	参	滩	她	海

16
a) a1, b6, c10, d4, e9, f11, g5, h3, i7, j2, k8.
b) 1) 他安排下午去市中心买中国特产。Tā ānpái xiàwǔ qù shìzhōngxīn mǎi Zhōngguó tèchǎn.
2) 他安排买一件书法作品。Tā ānpái mǎi yí jiàn shūfǎ zuòpǐn.
3) 他安排吃中国菜。Tā ānpái chī Zhōngguó cài.

17
a) 起床 qǐchuáng; b) 洗澡 xǐzǎo; c) 吃早饭 chī zǎofàn; d) 参观外滩 cānguān wàitān; e) 买上海特产 mǎi Shànghǎi tèchǎn; f) 吃午饭 chī wǔfàn; g) 去市中心 qù shìzhōngxīn; h) 喝下午茶 hē xiàwǔ chá; i) 吃晚饭 chī wǎnfàn; j) 回来 huílai; k) 看电视 kàn diànshì; l) 开派对 kāi pàiduì; m) 睡觉 shuìjiào.

18
a3, b4, c2, d1.

19
Bú jiàn bú sàn.

20
a) 1) 7; 2) guǎng, Schrägdach, 3; 3) mù, Holz, 4.
b) 1) 7; 2) mén, Tür, 3; 3) rì, 4, Sonne.
b) 1) 6; 2) mián, Dach, 3; 3) nǚ, Frau, 3.

22
a) 请留言。Qǐng liúyán. b) 今天几月几日？ Jīntiān jǐ yuè jǐ rì? c) 我没有时间。Wǒ méi yǒu shíjiān. d) 我早上六点半起床。Wǒ zǎoshang liù diǎn bàn qǐchuáng. e) 我星期天不上班。Wǒ xīngqītiān bú shàngbān. f) 我安排今天上午参观故宫。Wǒ ānpái jīntiān shàngwǔ cānguān gùgōng.
g) 我晚上九点差一刻回来。Wǒ wǎnshang jiǔdiǎn chà yíkè huílai.

慢慢吃！

Mànman chī!

8 LEKTION

1
1) 冷饮 lěngyǐn: a, d, e, g, h; 2) 热饮 rèyǐn: b, c, f, g.

3
a) 绿茶 lǜchá, 红茶 hóngchá, 啤酒 píjiǔ, 白酒 báijiǔ, 可乐 kělè, 咖啡 kāfēi, 牛奶 niúnǎi, 开水 kāishuǐ; b) 啤酒 píjiǔ, 白酒 báijiǔ, 可乐 kělè, 牛奶 niúnǎi; c) 绿茶 lǜchá, 红茶 hóngchá, 咖啡 kāfēi.

4
a) 您稍等一下。Nín shāo děng yíxià. b) 饮料马上就来。Yǐnliào mǎshàng jiù lái. c) 先生，请给我酒水单。Xiānsheng, qǐng gěi wǒ jiǔshuǐdān. d) 再来三瓶啤酒。Zài lái sān píng píjiǔ.

5
a) 你好。有位子吗？ Nǐ hǎo. Yǒu wèizi ma? b) 五个人。Wǔ ge rén. c) 谢谢。Xièxie.

6
a, e, c, d, b.

7
您好。Nín hǎo. / 两杯可乐、一杯咖啡马上就来。Liǎng bēi kělè, yì bēi kāfēi. / 要。Yào.

42
▼ 欢迎光临。您好。 Huānyíng guānglín. Nín hǎo.
▼ 你们都想喝什么饮料? Nǐmen dōu xiǎng hē shénme yǐnliào?
▼ 要不要牛奶? Yào bú yào niúnǎi?
▼ 两杯可乐、一杯咖啡马上就来。 Liǎng bēi kělè, yì bēi kāfēi mǎshàng jiù lái.

9
Spalte „Zubereitung“: 炒的 chǎo de: a, c, e, g, h; 红烧的 hóng shāo de: i; 蒸的 zhēng de: k, l; 烤的 kǎo de: f; 酸的 suān de: b. Spalte „Geschmack“: 甜的 tián de: d; 辣的 là de: c, h; 酸辣 suān là: j.

11
a) 主食 zhǔshí; b) 冷盘 lěngpán; c) 猪肉 zhūròu; d) 水果 shuǐguǒ; e) 海鲜 hǎixiān; f) 鸭肉 yāròu; g) 素菜 sùcài; h) 鸡肉 jīròu; i) 牛肉 niúròu; j) 汤 tāng; k) 海鲜 hǎixiān; l) 主食 zhǔshí.

12
Richtig: b, c; falsch: a, d.

43
◆ 你们现在要点菜吗? Nǐmen xiànzài yào diǎn cài ma?
● 好的。你有什么可以推荐的? Hǎode. Nǐ yǒu shénme kěyǐ tuījiàn de?
◆ 我们的菜都很好吃，海鲜都很新鲜。 Wǒmen de cài dōu hěn hǎo chī, hǎixiān dōu hěn xīnxiān.
● 冷盘我们要一个凉拌黄瓜吧，有一点大蒜，你们爱不爱吃? Lěng pán wǒmen yào yí ge liáng bàn huánggua ba, yǒu yìdiǎn dàsuàn, nǐmen ài bú ài chī?
▲ 我觉得很好。 Wǒ juéde hěn hǎo.
▼ 酸的我也爱吃。 Suān de wǒ yě ài chī.
● 海鲜你有什么推荐? Hǎixiān nǐ yǒu shénme tuījiàn?
◆ 我们的红烧鱼很好吃。 Wǒmen de hóng shāo yú hěn hǎo chī.
● 好，来一个红烧鱼吧。你们吃不吃辣的? Hǎo, lái yí ge hóngshāo yú ba. Nǐmen chī bù chī là de?
▲ 吃。 Chī.
● 你呢? Nǐ ne?
▼ 我吃一点。 Wǒ chī yìdiǎn.
● 再来一个宫保鸡丁。还要一个素菜。 Zài lái yí ge gōngbǎo jīdīng. Hái yào yí ge sùcài.
◆ 我推荐西兰花炒鸡蛋。 Wǒ tuījiàn xīlánhuā chǎo jīdàn.
▼ 哦，我很爱吃这个。 Ò, wǒ hěn ài chī zhège.
● 好，来一个西兰花炒鸡蛋，还要个汤。 Hǎo, lái yí ge xīlánhuā chǎo jīdàn, hái yào ge tāng.
◆ 你们喝酸辣汤吗? Nǐmen hē suān là tāng ma?
● 喝。你们还要什么菜吗? Hē. Nǐmen hái yào shénme cài ma?
▲ 不要，太多了! Bú yào, tài duō le!
● 还要三碗米饭。 Hái yào sān wǎn mǐfàn.

13
凉拌黄瓜 liáng bàn huánggua, 红烧鱼 hóngshāo yú, 宫保鸡丁 gōngbǎo jīdīng, 西兰花炒鸡蛋 xīlánhuā chǎo jīdàn, 酸辣汤 suān là tāng.

15
Von den deutschen Sätzen ausgehend: 1) 4c; 2) 1d; 3) 5a; 4) 2h; 5) 7b; 6) 6g; 7) 8f; 8) 3e.

17

a) 中国人怎么吃饭？ Zhōngguórén zěnme chīfàn? b) 德国人怎么吃饭？ Déguórén zěnme chīfàn?
d) 年轻人怎么喝啤酒？ Niánqīngrén zěnme hē píjiǔ? g) 你怎么喝汤？ Nǐ zěnme hē tāng?

18

a) 1) 位子 wèizi; 4) 几 jǐ; 5) 点 diǎn; 8) 预订 yùdìng; 9) 再 Zài.
b) 1) 来 lái; 2) 马上 mǎshàng; 3) 勺子 sháozi; 5) 可乐 kělè; 6) 用 yòng; 7) 点菜 diǎncài.
c) Dialog A: 2, 8, 4, 7, 5, 6, 1, 3, 9; Dialog B: 6, 4, 1, 2, 5, 3, 7.

19

a) 可乐 kělè; b) 素菜 sùcài; c) 太过奖了 tài guòjiǎng le; d) 先 xiān.

21

a8, b2, c5, d7, e3, f4, g1, h6.

22

a) Restaurantkritik.
b) Richtig: 2; falsch: 1, 3, 4.
c) 汤面 tāng miàn, 炒面 chǎo miàn, 冷面 lěng miàn, 牛肉面 niúròu miàn, 牛肉面的汤 niúròumiàn de tāng, 素菜 sùcài, 红烧肉 hóngshāo ròu.
d) 1) Das zarte (nicht zähe) Rindfleisch, die leckere Suppe, die schmackhaften Nudeln; 2) Zur Nudelsuppe mit Rindfleisch gibt es ein vegetarisches Gericht auf Kosten des Hauses; 3) Freitags; 4) Man kann nicht mit Kreditkarte bezahlen.

24

a4, b1, c2, d3.

25

bù hǎo yìsi

26

a) 1) 11; 2) 犭, quǎn, Hund, 3.
b) 1) 7; 2) 鸟, niǎo, Vogel, 5.
c) 1) 16; 2) 食, shí, Essen, 9.

28

a) 请给我菜单。Qǐng gěi wǒ càidān.
b) 请稍等一下。Qǐng shāo děng yíxià.
c) 你有什么可以推荐的？ Nǐ yǒu shénme kěyǐ tuījiàn de?
d) 请现在来米饭。Qǐng xiànzài lái mǐfàn.
e) 请再来一壶花茶。Qǐng zài lái yì hú huāchá.
f) 我要预订桌子。Wǒ yào yùdìng zhuōzi.
g) 买单。Mǎi dān.

LEKTION 9

你是哪里人

Nǐ shì nǎli rén?

1

a) 美国很大。Měiguó hěn dà. b) 瑞士很小。Ruìshī hěn xiǎo. c) 澳大利亚很大。Àodàlìyà hěn dà. d) 英国很大。Yīngguó hěn dà. e) 意大利很大。Yìdàlì hěn dà. f) 西班牙很大。Xībānyá hěn dà. g) 日本很大。Rìběn hěn dà. h) 俄国很大。Éguó hěn dà.

3

a) 意大利面条很好吃。Yìdàlì miàntiáo hěn hǎo chī. b) 日本人爱吃鱼。Rìběn rén ài chī yú.
c) 吃上海菜的餐馆很少。Chī Shànghǎi cài de cānguǎn hěn shǎo.
d) 西班牙人也用欧元付钱。Xībānyárén yě yòng Ōuyuán fùqián.

4

a) 德语 Déyǔ, 英语 Yīngyǔ, 法语 Fǎyǔ, 意大利语 Yìdàlìyǔ, 西班牙语 Xībānyáyǔ; b) 汉语 Hànyǔ, 俄语 Éyǔ, 日语 Rìyǔ.

6

a1, b3, c2, d1, e2, f3.

7

a) 俄语老师也不会说英语。Éyǔ lǎoshī yě bú huì shuō Yīngyǔ.
b) 这位西班牙学生不会说汉语。Zhè wèi Xībānyá xuésheng bú huì shuō Hànyǔ.
c) 林元亮的同学不会用汉字写课文。Lín Yuánliàng de tóngxué bú huì yòng Hànzì xiě kèwén.
d) 这个日本学生不会看我写的汉语课文。Zhè ge Rìběn xuésheng bú huì kàn wǒ xiě de Hànyǔ kèwén.

8

a) In Berlin; b) Nach Peking; c) Sie möchte ein Zimmer reservieren; d) In Wien; e) In Wien; f) Er kommt nach Hamburg und möchte die Angerufene zum Essen einladen.

48

1

■ 喂！您好，您是谁？	Wèi! Nín hǎo, nín shì shéi?
▼ 我是 Lisa。好久不见了。	Wǒ shì Lisa. Hǎo jiǔ bú jiàn le.
■ Lisa 好久不见了。你要来北京吗？现在在哪里。	Lisa, hǎo jiǔ bú jiàn le. Nǐ yào lái Běijīng ma? Xiànzài zài nǎli?
▼ 我现在在柏林。明天去北京。能不能住在你们那里？	Wǒ xiànzài zài Bólín. Míngtiān qù Běijīng. Néng bù néng zhù zài nǐmen nàli?
■ 稍等，我看一下。——今天是八号。哦，明天九号不行。你十号来吧。	Shāo děng, wǒ kàn yíxià. – Jīntiān shì bā hào. Ò, míngtiān jiǔ hào bù xíng. Nǐ shí hào lái ba.
▼ 好，多少钱一天？	Hǎo, duōshǎo qián yì tiān?
■ 一天六十五块钱。	Yì tiān liùshíwǔ kuài qián.

2

▲ 喂！	Wèi!
◆ 你好！我是李保大。	Nǐ hǎo! Wǒ shì Lǐ Bǎodà.
▲ 李保大，你好！好久不见了。你现在在汉堡吗？	Lǐ Bǎodà, nǐ hǎo! Hǎo jiǔ bú jiàn le. Nǐ xiànzài zài Hànbǎo ma?
◆ 不不，我还在维也纳。你知道我现在住在维也纳。可是我下个星期要去汉堡。你在吗？	Bù bù, wǒ hái zài Wéiyěnà. Nǐ zhīdao wǒ xiànzài zhù zài Wéiyěnà. Kěshì wǒ xià ge xīngqī yào qù Hànbǎo. Nǐ zài ma?
▲ 在在。你可以住在我们这里。	Zài zài. Nǐ kěyǐ zhù zài wǒmen zhèli.

◆ 谢谢你啊。我想请你们吃饭。 Xièxie nǐ a. Wǒ xiǎng qǐng nǐmen chīfàn.
星期二晚上八点行吗？ Xīngqīèr wǎnshang bā diǎn xíng ma?
▲ 行。 Xíng.
◆ 好，咱们去上次的中国餐馆。 Hǎo, zánmen qù shàngcì de Zhōngguó cānguǎn.
▲ 好的。星期二八点见。 Hǎo de. Xīngqīèr bā diǎn jiàn.
◆ 不见不散。 Bú jiàn bú sàn.
▲ 好，不见不散，再见。 Hǎo, bú jiàn bú sàn, zàijiàn.

10

a) 上海是亚洲一个很大的城市。Shànghǎi shì Yàzhōu yí ge hěn dà de chéngshì. (中国)
b) 柏林是欧洲一个很大的城市。Bólín shì Ōuzhōu yí ge hěn dà de chéngshì. (德国)
c) 伯尔尼是欧洲一个很小的城市。Bó'ěrní shì Ōuzhōu yí ge hěn xiǎo de chéngshì. (瑞士)
d) 慕尼黑是欧洲一个很大的城市。Mùníhēi shì Ōuzhōu yí ge hěn dà de chéngshì. (德国)
e) 维也纳是欧洲一个很大的城市。Wéiyěnà shì Ōuzhōu yí ge hěn dà de chéngshì. (奥地利)
f) 北京是亚洲一个很大的城市。Běijīng shì Yàzhōu yí ge hěn dà de chéngshì. (中国)

12

a) Shanghai.
b) 1) Sie heißt Zhōng Ài und ist 25 Jahre alt, ihr Vater ist Verkäufer, die Mutter arbeitet nicht, sie hat keine Geschwister. 2) Amerika, England, Italien, Russland und Japan; 3) Als Gäste; 4) Man sollte Plätze reservieren; 5) Samstags und sonntags um 22 Uhr im deutschen Restaurant, im Oktober wird dort das Münchner Oktoberfest gefeiert; 6) Sehr variierend: Es gibt teure und günstige; 7) Zum Einkaufen; 8) Den *Bund*.

15

a) 文大明，你好，鸭舌帽用德语就是 "Schirmmütze"。 Wén Dàmíng, nǐ hǎo, yāshémào yòng Déyǔ jiùshì „Schirmmütze".
b) 寿司 (shòusī).
c) 田 tián: Feld, 力 lì: Kraft.
d) 背书包用德语说就是： Eine Büchertasche auf dem Rücken tragen. Bèi shū bāo yòng Déyǔ shuō jiùshì: Eine Büchertasche auf dem Rücken tragen.

16

a) Richtig: 3, 4; falsch: 1, 2, 5, 6.
b) 1) Hamburg ist eine schöne deutsche Stadt, viele Europäer mögen die Stadt, viele Chinesen studieren und arbeiten dort. 2) 1885 arbeiteten zwei Deutsche in Amerika. Sie aßen ihr Fleisch nicht mit Messer und Gabel, sondern als Hamburger (also zwischen zwei Brötchenhälften).

▼ 你好。 Nǐ hǎo.
▲ 你好。你是美国人吧？ Nǐ hǎo. Nǐ shì Měiguórén ba? 49
▼ 不，我是德国人。 Bù, wǒ shì Déguórén.
▲ 你来中国做什么呢？ Nǐ lái Zhōngguó zuò shénme ne?
▼ 我来中国学习汉语。 Wǒ lái Zhōngguó xuéxí Hànyǔ.
▲ 你是德国哪里人？ Nǐ shì Déguó nǎli rén?
▼ 慕尼黑。在汉堡工作。 Mùníhēi. Zài Hànbǎo gōngzuò.
▲ 介绍介绍汉堡，好吗？ Jièshào jièshào Hànbǎo, hǎo ma?
▼ 哈哈，你问不少问题啊。汉堡是德国的一个很漂亮的城市，很多欧洲人都喜欢这个城市，也有很多中国人在那里工作和学习。 Hāhā, nǐ wèn bù shǎo wèntí a. Hànbǎo shì Déguó de yí ge hěn piàoliang de chéngshì, hěn duō Ōuzhōurén dōu xǐhuan zhè ge chéngshì, yě yǒu hěn duō Zhōngguórén zài nàli gōngzuò hé xuéxí.
你去汉堡参观参观吧， Nǐ qù Hànbǎo cānguān cānguān ba,
百闻不如一见嘛。 bǎi wén bù rú yí jiàn ma.
▲ 汉堡的特产是汉堡包吗？ Hànbǎo de tèchǎn shì Hànbǎo bāo ma?
▼ 呵呵，不是吧。 Hē hē, bú shì ba.

▲ 可是，这个德国城市的名字叫汉堡，是吧？ Kěshì, zhè ge Déguó chéngshì de míngzi jiào Hànbǎo, shì ba?
▼ 是的，我爷爷是汉堡人，他告诉我：1885年，两位在美国工作的德国人不要用刀叉吃肉，他们在那里天天都吃汉堡包。我不知道爷爷说的对不对。中国人也喜欢吃汉堡包吗？ Shìde, wǒ yéye shì Hànbǎo rén, tā gàosu wǒ: 1885 nián, liǎng wèi zài Měiguó gōngzuò de Déguórén bú yào yòng dāochā chī ròu, tāmen zài nàli tiāntiān dōu chī Hànbǎo bāo. Wǒ bù zhīdao yéye shuō de duì bú duì. Zhōngguórén yě xǐhuan chī Hànbǎo bāo ma?
▲ 年轻人喜欢吃，老年人不太喜欢。 Niánqīngrén xǐhuan chī, lǎoniánrén bú tài xǐhuan.

18
a) 桌子上有笔。 Zhuōzi shàng yǒu bǐ. b) 书在桌子上。 Shū zài zhuōzi shang.
c) 外面有两个孩子。 Wàimian yǒu liǎng ge háizi. d) 学生都在外面。 Xuésheng dōu zài wàimiàn.
e) 弟弟今天在朋友那里。 Dìdi jīntiān zài péngyou nàli. f) 课文在电脑里。 Kèwén zài diànnǎo lǐ.

19
a) 闻太太在商店工作。 Wén tàitai zài shāngdiàn gōngzuò.
b) 张先生今天在朋友那里吃晚饭。 Zhāng xiānsheng jīntiān zài péngyou nàli chī wǎnfàn.
c) 米小姐在里面睡觉。 Mǐ xiǎojiě zài lǐmiàn shuìjiào.
d) 干太太在床上看书。 Gān tàitài zài chuáng shàng kàn shū.

20
a3, b4, c1, d2.

21
Bǎi wén bùrú yíjiàn.

22
a) 1) 10; 2) 月, ròu, Fleisch, 4.
b) 1) 9; 2) 氵, shuǐ, Wasser, 3.
c) 1) 13; 2) 疒, chuáng, Krankheit, 5.
d) 1) 10; 2) 竹, zhú, Bambus, 6.

24
a) 你会不会说英语？ Nǐ huì bú huì shuō Yīngyǔ? b) 你的德语真好。 Nǐ de Déyǔ zhēn hǎo.
c) 我会用电脑写汉字。 Wǒ huì yòng diànnǎo xiě hànzì. d) 我住在柏林。 Wǒ zhù zài Bólín.
e) 我在日本工作。 Wǒ zài Rìběn gōngzuò. f) 你做什么工作？ Nǐ zuò shénme gōngzuò?
g) 没有问题。 Méi yǒu wèntí. h) 我们今天在哪里吃晚饭？ Wǒmen jīntiān zài nǎli chī wǎnfàn?

Wiederholung und Test (7–9)

1
1) 可不可以留言？ Kě bù kěyǐ liúyán? 2) 明天晚上八点我请你吃晚饭。 Míngtiān wǎnshang bā diǎn wǒ qǐng nǐ chī wǎnfàn. 3) 请稍等一下。 Qǐng shāo děng yíxià. 4) 现在几点钟？ Xiànzài jǐ diǎn zhōng? 5) 你的英语真好啊！ Nǐ de yīngyǔ zhēn hǎo a! 6) 你做什么工作？ Nǐ zuò shénme gōngzuò? 7) 请给我菜单。 Qǐng gěi wǒ càidān.

2
1b, 2e, 3d, 4c, 5g, 6a, 7f.

3
Richtig: 3; falsch: 1, 2; weiß man nicht: 4; 5) Gebratene Fleischstreifen mit Brokkoli, sauer-scharfe Tofusuppe, Rührei mit Tomaten; 6) Zwei Flaschen Cola, eine Tasse Tee; 7) In dieser Formulierung bedeutet *deinen Tofu essen* so viel wie *dir nachsteigen / an die Wäsche gehen / dich begrapschen* (siehe KB Lektion 8, Seite 2).

4
Richtig: 1, 3, 6; falsch: 2, 7; weiß man nicht: 4, 5.

一回生，二回熟。

Yì huí shēng, èr huí shú.

10 LEKTION

1
a) 发 fā; b) 打 dǎ, 接 jiē; c) 上 shàng; d) 打 dǎ, 接 jiē; e) 打 dǎ, 接 jiē.

3
a) 你发传真还是接传真？ Nǐ fā chuánzhēn háishi jiē chuánzhēn?
b) 你打市内电话还是打长途电话？ Nǐ dǎ shì nèi diànhuà háishi dǎ chángtú diànhuà?
c) 你在商务中心工作还是在饭馆工作？ Nǐ zài shāngwù zhōngxīn gōngzuò háishi zài fànguǎn gōngzuò?
d) 你是中国人还是日本人？ Nǐ shì Zhōngguórén háishi Rìběnrén?
e) 你上网还是写课文？ Nǐ shàngwǎng háishi xiě kèwén?
f) 你用电脑写课文还是用笔写课文？ Nǐ yòng diànnǎo xiě kèwén háishi yòng bǐ xiě kèwén?

4
a) Werbung im Radio; b) Gesprächsguthaben zum halben Preis; c) Im Geschäft *Dangdang*; d) Preiswerte Telefon- und Faxdienstleistungen sowie Internetnutzung; e) An das neueröffnete *Tianhe*-Businesscenter in Shanghai.

1 请注意：当当商店打折——当当商店打折！国内长途电话！打一分钟送一分钟。 53
下个星期六去当当商店。预订两千分钟的电话费只付一千分钟。欢迎欢迎！
下个星期六请来当当商店。
Qǐng zhùyì: Dāngdāng shāngdiàn dǎ zhé – Dāngdāng shāngdiàn dǎ zhé! Guó nèi chángtú diànhuà! Dǎ yī fēn zhōng sòng yī fēn zhōng. Xià ge xīngqīliù qù Dāngdāng shāngdiàn. Yùdìng liǎngqiān fēn zhōng de diànhuà fèi zhǐ fù yīqiān fēn zhōng. Huānyíng huānyíng! Xià ge xīngqīliù qǐng lái Dāngdāng shāngdiàn.

2 上海新天和商务中心欢迎您来看看！ 市内、长途电话都可以打,都很便宜。
收发传真都可以。用很好的电脑上网。上海新天和商务中心欢迎您！
Shànghǎi xīn Tiānhé shāngwù zhōngxīn huānyíng nín lái kànkan! Shì nèi, chángtú diànhuà dōu kěyǐ dǎ, dōu hěn piányi. Shōu fā chuánzhēn dōu kěyǐ. Yòng hěn hǎo de diànnǎo shàngwǎng. Shànghǎi xīn Tiānhé shāngwù zhōngxīn huānyíng nín!

5
a) 1) 当当商店卖一分钟送一分钟的话费。 Dāngdāng shāngdiàn mài yì fēn zhōng sòng yì fēn zhōng de huà fèi.
2) 下个星期六当当商店欢迎光临。 Xià gè xīngqīliù Dāngdāng shāngdiàn huānyíng guānglín.
b) 1) 新天和商务中心在上海。 Xīn Tiānhé shāngwù zhōngxīn zài Shànghǎi.
2) 顾客在新天和商务中心可以打市内、长途电话，还可以收发传真、用电脑上网。 Gùkè zài xīn Tiānhé shāngwù zhōngxīn kěyǐ dǎ shìnèi, chángtú diànhuà, hái kěyǐ shōu fā chuánzhēn, yòng diànnǎo shàngwǎng.

6

a) 欢迎再来电。Huānyíng zài lái diàn.
b) 这是菜单还是酒水单？ Zhè shì càidān háishi jiǔshuǐdān?
c) 在哪里可以发传真？ Zài nǎli kěyǐ fā chuánzhēn? d) 打市内电话多少钱一分钟？ Dǎ shì nèi diànhuà duōshao qián yì fēn zhōng?

7

a) 1) 谢一新快回家了。Xiè Yìxīn kuài huíjiā le.
2) 天气快凉了。Tiānqì kuài liáng le.
3) 价格快低了。Jiàgé kuài dī le.
4) 林元亮快去买衣服了。Lín Yuánliàng kuài qù mǎi yīfu le.
5) 我快问他了。Wǒ kuài wèn tā le.
6) 我快给他礼物了。Wǒ kuài gěi tā lǐwù le.
b) 1) 谢一新明天要回家了。Xiè Yìxīn míngtiān yào huíjiā le.
2) 天气晚上要凉了。Tiānqì wǎnshang yào liáng le.
3) 价格下个星期要低了。Jiàgé xià ge xīngqī yào dī le.
4) 林元亮上午要去买衣服了。Lín Yuánliàng shàngwǔ yào qù mǎi yīfu le.
5) 我中午要问他了。Wǒ zhōngwǔ yào wèn tā le.
6) 我星期六要给他礼物了。Wǒ xīngqīliù yào gěi tā lǐwù le.

9

a) 1) yóujiànxiāng; 2) tiānjiā fùjiàn; 3) húifù yóujiàn; 4) jiēshōu yóujiàn; 5) shānchú yóujiàn; 6) fāsòng yóujiàn; Lösungswort: 一封 yì fēng.
b) 打开邮件箱 dǎkāi yóujiànxiāng – 打开新邮件 dǎkāi xīn yóujiàn – 看接收的邮件 kàn jiēshōu de yóujiàn – 回复邮件 húifù yóujiàn – 写邮件 xiě yóujiàn – 添加附件 tiānjiā fùjiàn – 发送邮件 fāsòng yóujiàn – 删除邮件 shānchú yóujiàn.

10

a) z.B. um einen Auszug aus einem Artikel in einer Zeitschrift.
b) 1) 现在用电脑写信了。Xiànzài yòng diànnǎo xiě xìn le. 2) 用电脑可以写电子邮件。Yòng diànnǎo kěyǐ xiě diànzǐ yóujiàn. 3) 53.8% 朋友、39.9% 工作、3.7% 商店、2.1% 饭馆、0.5% 银行。
c) 你们好！我要预定明天晚上八点的桌子。我们十六个人。
请打电话告诉我是不是还有位子。我的电话号码是：……

11

a) 我马上就给同学打电话。Wǒ mǎshàng jiù gěi tóngxué dǎ diànhuà.
b) 她一定给我们发传真。Tā yídìng gěi wǒmen fā chuánzhēn.
c) 我先给朋友买烟。Wǒ xiān gěi péngyou mǎi yān.
d) 我们的老师不给我们发邮件。Wǒmen de lǎoshī bù gěi wǒmen fā yóujiàn.

12

a) 他接收朋友写的邮件了。Tā jiēshōu péngyou xiě de yóujiàn le.
b) 老板的电脑快了。Lǎobǎn de diànnǎo kuài le.
c) 老板不上网了。Lǎobǎn bú shàngwǎng le.
d) 很多中国人不用笔写汉字了。Hěn duō Zhōngguórén bú yòng bǐ xiě hànzì le.
e) 长途电话贵了。Chángtú diànhuà guì le.
f) 老师会用邮件箱了。Lǎoshī huì yòng yóujiànxiāng le.
g) 我只写邮件，不给朋友打电话了。Wǒ zhǐ xiě yóujiàn, bù gěi péngyou dǎ diànhuà le.

14

a) Richtig: 2, 3, 4; falsch: 1.
b) 1) 她姓曹。Tā xìng Cáo. 2) 她住在北京。Tā zhù zài Běijīng. 3) 有故宫和北京烤鸭。Yǒu Gùgōng hé Běijīng kǎoyā. 4) 他要给她打电话。Tā yào gěi tā dǎ diànhuà.

▼	这里是前台，您好！	Zhèli shì qiántái, nín hǎo! 54
▲	您好！请您接李先生。	Nín hǎo! Qǐng nín jiē Lǐ xiānsheng.
▼	好的，请稍等。	Hǎo de, qǐng shāo děng.
◆	您好！	Nín hǎo!
▲	你好！我是曹冬冬。	Nǐ hǎo! Wǒ shì Cáo Dōngdōng.
◆	你好！我们正好说你呢，你就来电话了，真是说到曹操，曹操就到了。	Nǐ hǎo! Wǒmen zhènghǎo shuō nǐ ne, nǐ jiù lái diànhuà le, zhēn shì shuō dào Cáo Cāo, Cáo Cāo jiù dào le.
▲	说我？	Shuō wǒ?
◆	是啊，我和我的朋友们说，这个星期我北京的一个漂亮妹妹来上海看我，他们都想认识你。	Shì a, wǒ hé wǒ de péngyoumen shuō, zhè ge xīngqī wǒ Běijīng de yí ge piàoliang mèimei lái Shànghǎi kàn wǒ, tāmen dōu xiǎng rènshi nǐ.
▲	瞎说。	Xiā shuō.
◆	我还说你今天下午要走了。我说的不对吗？	Wǒ hái shuō nǐ jīntiān xiàwǔ yào zǒu le. Wǒ shuō de bú duì ma?
▲	我就快走了。谢谢你这几天给我介绍上海，告诉我上海有什么好看的、好吃的。	Wǒ jiù kuài zǒu le. Xièxie nǐ zhè jǐtiān gěi wǒ jièshào Shànghǎi, gàosu wǒ Shànghǎi yǒu shénme hǎokàn de, hǎochī de.
◆	你真是太客气了，我们是朋友啊，不是吗？我当然要给你好好介绍介绍上海。	Nǐ zhēn shì tài kèqì le, wǒmen shì péngyou a, bú shì ma? Wǒ dāngrán yào gěi nǐ hǎo hǎo jièshào jièshào Shànghǎi.
▲	我非常喜欢上海。	Wǒ fēicháng xǐhuan Shànghǎi.
◆	欢迎你下次再来上海。这次你在上海的时间太少，还有很多好看的你一定要去看，很多好吃的你一定要去吃呢。也还有很帅的朋友你一定要认识，哈哈……	Huānyíng nǐ xià cì zài lái Shànghǎi. Zhè cì nǐ zài Shànghǎi de shíjiān tài shǎo, hái yǒu hěn duō hǎokàn de nǐ yídìng yào qù kàn, hěn duō hǎochī de nǐ yídìng yào qù chī ne. Yě hái yǒu hěn shuài de péngyou nǐ yídìng yào rènshi, hāhā ...
▲	瞎说！我一定再来上海，来看这个城市，当然也来看你。我也欢迎你来北京，北京也有很多好看的好吃的。故宫在北京，北京烤鸭也是北京的。我也有不少漂亮的朋友。	Xiā shuō! Wǒ yídìng zài lái Shànghǎi, lái kàn zhè ge chéngshì, dāngrán yě lái kàn nǐ. Wǒ yě huānyíng nǐ lái Běijīng, Běijīng yě yǒu hěn duō hǎokàn de hǎochī de. Gùgōng zài Běijīng, Běijīng kǎoyā yě shì Běijīng de. Wǒ yě yǒu bù shǎo piàoliang de péngyou.
◆	好，我一定去。	Hǎo, wǒ yídìng qù.
▲	你有我的地址、电话号码和邮箱地址吧？	Nǐ yǒu wǒ de dìzhǐ, diànhuà hàomǎ hé yóuxiāng dìzhǐ ba?
◆	有。	Yǒu.
▲	长途电话太贵了，你给我发邮件吧。	Chángtú diànhuà tài guì le, nǐ gěi wǒ fā yóujiàn ba.
◆	不贵不贵。	Bú guì bú guì.

15

a) Jetzt kennt ihn jeder. b) Im Winter möchte ich nirgendwohin fahren. c) Er hat überhaupt kein Geld mehr. d) Vater lädt ein paar Freunde zum Abendessen ein. e) Kauf den Freunden doch etwas. f) Ich habe an jedem Tag Zeit.

16

Yì huí shēng, èr huí shú.

17

请给我说一下怎么发传真。Qǐng gěi wǒ shuō yíxià zěnme fā chuánzhēn. Würden Sie mir bitte erklären, wie man ein Fax verschickt? 56

18
a) 商务中心在哪里？ Shāngwù zhōngxīn zài nǎli?
b) 上网多少钱一分钟？ Shàngwǎng duōshao qián yì fēnzhōng?
c) 我快给老板打电话了。Wǒ kuài gěi lǎobǎn dǎ diànhuà le.
d) 你发传真还是发邮件？ Nǐ fā chuánzhēn háishi fā yóujiàn?
e) 你家的电话是多少？ Nǐ jiā de diànhuà shì duōshǎo?
f) 请接前台。Qǐng jiē qiántái.
g) 我现在走了。Wǒ xiànzài zǒu le.
h) 我今天哪里也不想去了。Wǒ jīntiān nǎli yě bù xiǎng qù le.

LEKTION 11

这是我的名片。

Zhè shì wǒ de míngpiàn.

1
a) shòuhuòyuán – mìshū – lǎoshī – <u>xiāngshuǐ</u>; b) xiāoshòubù – bàngōngshì – <u>shǒubiǎo</u> – gōngsī; c) <u>hóngbāo</u> – kuàijì – jīnglǐ – xiàngmù fùzérén; d) yuángōng – <u>huàn qián</u> – tóngshì – xuésheng.

3
a) 星期一八点一刻钟女士在办公室给顾客介绍公司的新品牌。Xīngqīyī bā diǎn yí kè Zhōng nǚshì zài bàngōngshì gěi gùkè jièshào gōngsī de xīn pǐnpái.
b) 星期二中午十二点钟女士和张经理在新亚餐馆负责员工的工资。Xīngqīèr zhōngwǔ shíèr diǎn Zhōng nǚshì hé Zhāng jīnglǐ zài Xīnyà cānguǎn fùzé yuángōng de gōngzī.
c) 星期三下午两点半钟女士和会计在办公室预算新项目的费用。Xīngqīsān xiàwǔ liǎngdiǎnbàn Zhōng nǚshì hé kuàijì zài bàngōngshì yùsuàn xīn xiàngmù de fèiyòng.
d) 星期四下午四点差一刻钟女士给新员工介绍一下公司。Xīngqīsì xiàwǔ sìdiǎn chà yíkè Zhōng nǚshì gěi xīn yuángōng jièshào yíxià gōngsī.
e) 星期五十二点钟女士和老板在新亚餐馆吃午饭。Xīngqīwǔ shíèrdiǎn Zhōng nǚshì hé lǎobǎn zài Xīnyà cānguǎn chī wǔfàn. 下午一点半钟女士请谢秘书帮她写三封信。Xiàwǔ yīdiǎnbàn Zhōng nǚshì qǐng Xiè mìshū bāng tā xiě sān fēng xìn.
f) 星期六差一刻十一点钟女士回复邮件。Xīngqīliù chà yíkè shíyīdiǎn Zhōng nǚshì huífù yóujiàn. 十二点一刻钟女士下班，就去买新电脑。Shíèrdiǎn yíkè Zhōng nǚshì xiàbān, jiù qù mǎi xīn diànnǎo.
g) 星期天钟女士休息。Xīngqītiān Zhōng nǚshì xiūxi.
钟女士是项目负责人。Zhōng nǚshì shì xiàngmù fùzérén.

4
a) 1) 当 dāng; 2) 负责 fùzé; 3) 不喜欢 bù xǐhuan; 4) 秘书 mìshū; 5) 总是 zǒngshì; 6) 做预算 zuò yùsuàn; 7) 劳苦功高 láo kǔ gōng gāo.
b) 1) 她负责公司的新品牌。Tā fùzé gōngsī de xīn pǐnpái. 2) 她负责员工。Tā fùzé yuángōng. 3) 同事们都喜欢她，只是会计不太喜欢她。Tóngshìmen dōu xǐhuan tā, zhǐ shì kuàijì bú tài xǐhuan tā. 4) 她很喜欢工作。Tā hěn xǐhuan gōngzuò.

6
付龙老，张元乐年轻。Fù Lóng lǎo, Zhāng Yuánlè niánqīng. 付龙高，张元乐矮。Fù Lóng gāo, Zhāng Yuánlè ǎi. 付龙的衣服新，张元乐的衣服旧。Fù Lóng de yīfu xīn, Zhāng Yuánlè de yīfu jiù. 付龙瘦，张元乐胖。Fù Lóng shòu, Zhāng Yuánlè pàng.

7

a) Richtig: 2, 4; falsch: 1, 3.
b) 1) 一个胖，一个瘦，一个矮，一个高。Yí ge pàng, yí ge shòu, yí ge ǎi, yí ge gāo.
2) 她一定很辛苦。Tā yídìng hěn xīnkǔ. 3) 她连星期天也不休息。Tā lián xīngqītiān yě bù xiūxi.
4) 他的工作也很辛苦。Tā de gōngzuò yě hěn xīnkǔ.

57

● 马女士你觉得哪位先生好？ Mǎ nǚshì nǐ juéde nǎ wèi xiānsheng hǎo?

▲ 哦，我不知道。一个胖，一个瘦，一个矮，一个高。我真不知道。 Ò, wǒ bù zhīdao. Yí ge pàng, yí ge shòu, yí ge ǎi, yí ge gāo. Wǒ zhēn bù zhīdao.

● 我也不知道哪位好。一个太年轻，一个工作太慢。我们不能给公司丢脸。 Wǒ yě bù zhīdao nǎ wèi hǎo. Yí ge tài niánqīng, yí ge gōngzuò tài màn. Wǒmen bù néng gěi gōngsī diūliǎn.

▲ 你说的对。再等一段时间看看。下午还有人，明天还有人来。 Nǐ shuō de duì. Zài děng yí duàn shíjiān kànkan. Xiàwǔ hái yǒu rén, míngtiān hái yǒu rén lái.

● 明天？明天还有谁要来吗？ Míngtiān? Míngtiān hái yǒu shéi yào lái ma?

▲ 明天还有一位女士要来。 Míngtiān hái yǒu yí wèi nǚshì yào lái.

● 明天是星期天吧！ Míngtiān shì xīngqītiān ba!

▲ 对了，这位连星期天也不休息。她很辛苦啊。 Duì le, zhè wèi lián xīngqītiān yě bù xiūxi. Tā hen xīnkǔ a.

● 咱们的工作也非常辛苦。哎，我再工作两个星期就去美国休息了 Zánmen de gōngzuò yě fēicháng xīnkǔ. Āi, wǒ zài gōngzuò liǎng ge xīngqī jiù qù Měiguó xiūxi le.

▲ 你休息多长时间？ Nǐ xiūxí duō cháng shíjiān?

● 休息十天。 Xiūxi shí tiān.

▲ 哎，那我现在就回家休息了，我们明天再聊吧。 Āi, nà wǒ xiànzài jiù huíjiā xiūxi le, wǒmen míngtiān zài liáo ba.

● 好的。 Hǎo de.

8

a) 我下个星期去中国 - 休息两个星期。Wǒ xià ge xīngqī qù Zhōngguó – xiūxi liǎng ge xīngqī.
b) 我等五分钟就走了。Wǒ děng wǔ fēnzhōng jiù zǒu le.
c) 中国同事的工作太辛苦了，连星期天也不休息。Zhōngguó tóngshì de gōngzuò tài xīnkǔ le, lián xīngqītiān yě bù xiūxi.
d) 我的新电脑真快，我每天都上网聊天。Wǒ de xīn diànnǎo zhēn kuài, wǒ měitiān dōu shàngwǎng liáotiān.

9

Die Stelle einer Rezeptionistin.

11

a2, b5, c6, d7, e1, f3, g4.

14

a) Rènshi nín fēicháng gāoxìng. → 我也很高兴。Wǒ yě hěn gāoxìng.
b) Máfan nǐ míngtiān fùzé zhè jiàn shì. → 没有问题。Méi yǒu wèntí.
c) Zhēn bù hǎo yìsi, zhèlǐ bù zhǔn xīyān. → 对不起。Duìbuqǐ.
d) Màn zǒu, wǒ sòng nǐmen. → 不送，不送，请留步。Bú sòng, bú sòng, qǐng liúbù.
e) Duìbuqǐ. → 没关系。Méi guānxi.
f) Nǐ de Hànyǔ zhēn hǎo a. → 哪里哪里。Nǎli nǎli.
g) Fēicháng gǎnxiè nín rèqíng de zhāodài. → 不客气。Bú kèqì.
h) Nǐ jīntiān zhēn piàoliang a. → 太过奖了。Tài guòjiǎng le.

15

a) Richtig: 2, 3; falsch: 1, 4.

b) 1) 收发传真 shōu fā chuánzhēn; 2) 预订派对位子 yùdìng pàiduì wèizi; 3) 上网聊天 shàngwǎng liáotiān; 4) 打电话聊天 dǎ diànhuà liáotiān; Sie übernehmen nicht: 和经理打情骂俏 hé jīnglì dǎqíngmàqiào.

c) 1) 麻烦你和同事们负责一下他的工作。 Máfan nǐ hé tóngshìmen fùzé yíxià tā de gōngzuò. 2) 没有问题。Méi yǒu wèntí. 3) 先谢谢经理了！ Xiān xièxie jīnglǐ le! 4) 不客气。Bú kèqì. 5) 大家工作有热情，我也非常高兴。Dàjiā gōngzuò yǒu rèqíng, wǒ yě fēicháng gāoxìng. 6) 我们也非常高兴。Wǒmen yě fēicháng gāoxìng.

58

▲	李秘书，高先生不在呢?	Lǐ mìshū, Gāo xiānsheng bú zài ne?
▼	下班了。他明天休息。	Xiàbān le. Tā míngtiān xiūxi.
▲	哦，对。可是我还有一件事。那明天麻烦你和同事们负责一下他的工作。	Ò, duì. Kěshì wǒ hái yǒu yí jiàn shì. Nà míngtiān máfan nǐ hé tóngshìmen fùzé yíxià tā de gōngzuò.
▼	没有问题，经理！	Méi yǒu wèntí, jīnglǐ!
▲	最近公司很忙，事情很多，大家连好好吃饭的时间都少了。下次有时间我招待大家吃晚饭。	Zuìjìn gōngsī hěn máng, shìqing hěn duō, dàjiā lián hǎo hao chīfàn de shíjiān dōu shǎo le. Xià cì yǒu shíjiān wǒ zhāodài dàjiā chī wǎnfàn.
▼	呵呵，先谢谢经理了！	Hē hē, xiān xièxie jīnglǐ le!
▲	不客气！大家工作有热情，我也非常高兴！	Bú kèqì! Dàjiā gōngzuò yǒu rèqíng, wǒ yě fēicháng gāoxìng!
▼	经理请客，我们也非常高兴。那我去安排高先生的工作了。	Jīnglǐ qǐngkè, wǒmen yě fēicháng gāoxìng. Nà wǒ qù ānpái Gāo xiānsheng de gōngzuò le.
▼	高先生明天休息，经理麻烦大家明天负责一下高先生的工作。经理还说，大家最近非常辛苦，她有时间要请大家吃晚饭。	Gāo xiānsheng míngtiān xiūxi, jīnglǐ máfan dàjiā míngtiān fùzé yíxià Gāo xiānsheng de gōngzuò. Jīnglǐ háishuō, dàjiā zuìjìn fēicháng xīnkǔ, tā yǒu shíjiān yào qǐng dàjiā chī wǎnfàn.
◆	没问题。经理也太客气了。高先生他的工作不太多。	Méi wèntí. Jīnglǐ yě tài kèqì le. Gāo xiānsheng tā de gōngzuò bù tài duō.
■	嗯，我可以帮他负责收发传真，预订派对位子。	Ňg, wǒ kěyǐ bāng tā fùzé shōu fā chuánzhēn, yùdìng pài duì wèizi.
◆	对，我可以帮他负责上网聊天，也可以负责打电话聊天。	Duì, wǒ kěyǐ bāng tā fùzé shàngwǎng liáotiān, yě kěyǐ fùzé dǎ diànhuà liáotiān.
▼	可是，高先生有一个工作，我们都不会。	Kěshì, Gāo xiānsheng yǒu yí ge gōngzuò, wǒmen dōu bú huì.
◆	是什么?	Shì shénme?
▼	呵呵，就是和经理打情骂俏。	Hē hē, jiùshì hé jīnglǐ dǎqíngmàqiào.
▼■◆	哈哈哈哈哈	Hāhā hāhāhā

16

a) 你们公司的名片是很好看。Nǐmen gōngsī de míngpiàn shì hěn hǎokàn. Die Visitenkarte eurer Firma sieht wirklich gut aus.

b) 谢先生是找毛经理。Xiè xiānsheng shì zhǎo máo jīnglǐ. Herr Xie sucht tatsächlich den Manager Mao.

c) 项目费用是很高。Xiàngmù fèiyòng shì hěn gāo. Die Projektkosten sind in der Tat hoch.

d) 最近大家是很辛苦。Zuìjìn dàjiā shì hěn xīnkǔ. In letzter Zeit arbeiten wirklich alle hart.

17

Zhēn shì gěi nǐ tiān máfan le.

18

60

我还没完成任务。Wǒ hái méi wánchéng rènwu. Ich habe meine Aufgabe noch nicht erledigt.

19

a) 你负责什么？ Nǐ fùzé shénme? b) 项目的费用多高？ Xiàngmù de fèiyòng duō gāo?
c) 我负责七个员工。Wǒ fùzé qī ge yuán gōng. d) 我休息两天。Wǒ xiūxi liǎng tiān.
e) 我连星期六也上班。Wǒ lián xīngqīliu yě shàngbān. f) 非常感谢您热情的招待。Fēicháng gǎnxiè nín rèqíng de zhāodài. g) 真是给您添麻烦了。Zhēn shì gěi nín tiān máfan le.
h) 这是我的名片。Zhè shì wǒ de míngpiàn.

你有空吗？

Nǐ yǒu kòng ma?

12 LEKTION

1

a10, b9, c7, d2, e6, f4, g8, h1, i3, j5.

3

a) 11 – 7 – 2 – 10 – 3 – 4 – 1 – 9 – 5 – 6 – 8.
b) 1) 张迪想请天乐去她那儿。Zhāng Dí xiǎng qǐng Tiānlè qù tā nàr. 2) 八点钟。Bā diǎn zhōng.
3) 她们在电视上看欧洲杯。Tāmen zài diànshì shàng kàn Ōuzhōubēi. 4) 去唱歌。Qù chànggē.
c) Richtig: 4, falsch: 1, 2, 3.

62

● 喂，李明你好。我是元龙。我想告诉你，周末有空。天乐星期六不在家。她去一个朋友那里看欧洲杯。我说一下咱们的安排：五点去逛街。你还要买一个新包，对不对？我也要买东西。然后八点钟下馆子吃一点东西，我请客。然后晚上十一点去看电影。有一部很老的«007»。我很喜欢。最后再去迪厅跳舞吧。请马上给我打电话说一下你觉得……	Wèi, Lǐ Míng nǐ hǎo. Wǒ shì Yuánlóng. Wǒ xiǎng gàosu nǐ, zhōumò yǒu kòng. Tiānlè xīngqīliù bú zài jiā. Tā qù yí ge péngyou nàli kàn Ōuzhōubēi. Wǒ shuō yíxià zánmen de ānpái: wǔ diǎn qù guàngjiē. Nǐ hái yào mǎi yí ge xīn bāo, duì bù duì? Wǒ yě yào mǎi dōngxī. Ránhòu bā diǎn zhōng xià guǎnzi chī yìdiǎn dōngxī, wǒ qǐngkè. Ránhòu wǎnshang shíyī diǎn qù kàn diànyǐng. Yǒu yí bù hěn lǎo de «007». Wǒ hěn xǐhuan. Zuìhòu zài qù dítīng tiàowǔ ba. Qǐng mǎshàng gěi wǒ dǎ diànhuà shuō yíxià nǐ juéde ...

4

a) 天乐有事的时候元龙要逛街。Tiān Lè yǒu shì de shíhou Yuán Lóng yào guàngjiē.
b) 天乐下馆子的时候元龙也要下馆子。Tiān Lè xià guǎnzi de shíhou Yuán Lóng yě yào xià guǎnzi.
c) 天乐看足球的时候元龙要看电影。Tiān Lè kàn zúqiú de shíhou Yuán Lóng yào kàn diànyǐng.
d) 天乐唱歌的时候元龙去迪厅。Tiān Lè chànggē de shíhou Yuán Lóng qù dítīng.

5

祝你生日快乐！
1) 中文 zhōngwén; 2) 2; 3) 点歌 diǎngē; 4) 下一首 xià yì shǒu; 5) 4; 6) 点歌 diǎngē; 7) 删除 shān chú; 8) 5; 9) 点歌 diǎngē; 10) 下一首 xià yì shǒu; 11) 1; 12) 点歌 diǎngē.

7

a) 身体 shēntǐ; b) 找 zhǎo; c) 好玩儿 hǎowánr; d) 必须 bìxū.

8

a) 慕女士从办公室来。Mù nǚshì cóng bàngōngshì lái. 她到健身房去。Tā dào jiànshēnfáng qù.
慕女士从办公室到健身房去。Mù nǚshì cóng bàngōngshì dào jiànshēnfáng qù.
b) 张经理从家里来。Zhāng jīnglǐ cóng jiāli lái. 她到步行街去。Tā dào bùxíngjiē qù.
张经理从家里到步行街去。Zhāng jīnglǐ cóng jiāli dào bùxíngjiē qù.
c) 余老师从公园来。Yú lǎoshī cóng gōngyuán lái. 他到商店去。Tā dào shāngdiàn qù.
余老师从公园到商店去。Yú lǎoshī cóng gōngyuán dào shāngdiàn qù.

9

a) 丁秘书今天的安排是：先从朋友那儿到步行街，然后从步行街到饭馆，最后去电影院。Dīng Mìshū jīntiān de ānpái shì: xiān cóng péngyou nàr dào bùxíngjiē, ránhòu cóng bùxíngjiē dào fànguǎn, zuìhòu qù diànyǐngyuàn.
b) 老板今天的安排是：先从公园到商店，然后从商店到饭馆，最后去公司。Lǎobǎn jīntiān de ānpái shì: xiān cóng gōngyuán dào shāngdiàn, ránhòu cóng shāngdiàn dào fànguǎn, zuìhòu qù gōngsī.
c) 兰经理的安排是：先从北京到香港，然后从香港到柏林，最后去汉堡。Lán Jīnglǐ de ānpái shì: xiān cóng Běijīng dào Xiānggǎng, ránhòu cóng Xiānggǎng dào Bólín, zuìhòu qù Hànbǎo.

11

a) 北京的健身房比慕尼黑的还多。Běijīng de jiànshēnfáng bǐ Mùníhēi de hái duō.
b) 马元龙比马红还高。Mǎ Yuánlóng bǐ Mǎ Hóng hái gāo.
c) 在中国看电影不比在瑞士看电影贵。Zài Zhōngguó kàn diànyǐng bùbǐ zài Ruìshī kàn diànyǐng guì.
d) 上海公园不比北京公园大。Shànghǎi gōngyuán bùbǐ Běijīng gōngyuán dà.
e) 老板给我的红包和(老板)给秘书的差不多。Lǎobǎn gěi wǒ de hóngbāo hé (lǎobǎn) gěi mìshū de chàbuduō.
f) 经理的工资和项目负责人的差不多。Jīnglǐ de gōngzī hé xiàngmù fùzérén de chàbuduō.

13

a) 1. Teil: 3; 2. Teil: 1.
b) 1) Sie befürchtet, dass dem Gast keine Zeit mehr bleibt, um ein Lied zu singen. 2) Zhou Xingxing singe besser als sie selbst. 3) Sie will ihm helfen, ein Lied auszuwählen. 4) Nicht einmal alte Lieder.

63

▲ 这是谁点的歌?	Zhè shì shéi diǎn de gē?
▼ 我的我的。	Wǒ de wǒ de.
▲ 周星星，怎么还是你点的歌啊！你今天唱的歌比我们这个月唱的还多.	Zhōu Xīngxing, zěnme hái shì nǐ diǎn de gē ā! Nǐ jīntiān chàng de gē bǐ wǒmen zhè ge yuè chàng de hái duō.
▼ 不好意思，今天最后一首，最后一首。	Bù hǎo yìsi, jīntiān zuì hòu yì shǒu, zuì hòu yì shǒu.
▲ 好啦，你唱是没关系。可是今天连客人都没有时间唱歌了！	Hǎo la, nǐ chàng shì méi guānxi. Kěshì jīntiān lián kèren dōu méi yǒu shíjiān chàng gē le!
▼ 对啊，可是老板要和他聊工作啊，你看他们。	Duì a, kěshì lǎobǎn yào hé tā liáo gōngzuò a, nǐ kàn tāmen.
▲ 好啦，你唱是没有关系，我帮他们点歌。	Hǎo la, nǐ chàng shì méi yǒu guānxì, wǒ bāng tāmen diǎn gē.
▼ 那我不客气啦，我知道听我唱歌很辛苦。	Nà wǒ bú kèqì la, wǒ zhīdao tīng wǒ chàng gē hěn xīnkǔ.
▲ 还行，比听我唱歌好。	Hái xíng, bǐ tīng wǒ chàng gē hǎo.
▼ 过奖过奖。	Guòjiǎng guòjiǎng.
—	
▲ 李先生，你喜欢唱什么歌？我帮你点。	Lǐ xiānsheng, nǐ xǐhuan chàng shénme gē? Wǒ bāng nǐ diǎn.
◆ 不不，你们唱，我听就好。	Bù bù, nǐmen chàng, wǒ tīng jiù hǎo.

▲ 李先生，你不要客气，
这里什么歌都有，连英文老歌都有。
● 是啊，李先生，你的中文非常好，
唱中文歌也一定好听。
◆ 哪里哪里，我是不想丢脸，我很喜欢听中国音乐,可是不太会唱歌，
我们在欧洲很少唱卡啦OK。
● 一回生，二回熟，入乡随俗嘛。
◆ 好好，没问题，麻烦小张帮我点一首英文老歌。对了，高老板，
你也点歌啊！大家也一定很想听你唱一首。
● 我？我连老歌都不会唱。
你们年轻人唱吧！
◆ 不行不行，高老板，来一个！
高老板，来一个！

Lǐ xiānsheng, nǐ bú yào kèqì,
zhèlǐ shénme gē dōu yǒu, lián Yīngwén lǎo gē dōu yǒu.
Shì a, Lǐ xiānsheng, nǐ de Zhōngwén fēicháng hǎo,
chàng Zhōngwén gē yě yídìng hǎotīng.
Nǎli nǎli, wǒ shì bù xiǎng diūliǎn, wǒ hěn xǐhuan tīng Zhōngguó yīnyuè, kěshì bú tài huì chàng gē,
wǒmen zài Ōuzhōu hěn shǎo chàng kǎla OK.
Yì huí shēng, èr huí shú, rù xiāng suí sú ma.
Hǎo hǎo, méi wèntí, máfan Xiǎo Zhāng bāng wǒ diǎn yì shǒu Yīngwén lǎo gē. Duì le, Gāo lǎobǎn,
nǐ yě diǎn gē a! Dàjiā yě yìdìng hěn xiǎng tīng nǐ chàng yì shǒu.
Wǒ? Wǒ lián lǎo gē dōu bú huì chàng.
Nǐmen niánqīngrén chàng ba!
Bù xíng bù xíng, Gāo lǎobǎn, lái yí ge!
Gāo lǎobǎn, lái yí ge!

15
Rù xiāng suí sú.

16
他不知道空闲时间该干点什么。Tā bù zhīdao kōngxián shíjiān gāi gān diǎn shénme. Er weiß nicht, was er in seiner Freizeit machen soll. 65

17
a) 周末我先去看电影然后下馆子。Zhōumò wǒ xiān qù kàn diànyǐng ránhòu xià guǎnzi.
b) 你有空吗？ Nǐ yǒu kòng ma?
c) 在外面踢足球不好玩儿。Zài wàimiàn tī zúqiú bù hǎo wánr.
d) 我从办公室到公园去。Wǒ cóng bàngōngshì dào gōngyuán qù.
e) 我必须从香港到欧洲去。Wǒ bìxū cóng Xiānggǎng dào Ōuzhōu qù.
f) 中国音乐比日本的好听。Zhōngguó yīnyuè bǐ Rìběn de hǎo tīng.
g) 我的身体不比你的好。Wǒ de shēntǐ bù bǐ nǐ de hǎo.
h) 柏林菜和汉堡菜差不多。Bólín cài hé Hànbǎo cài chàbuduō.

Wiederholung und Test (10–12)

1
a) 快六点了，我马上给她打电话。Kuài 6 diǎn le, wǒ mǎshàng gěi tā dǎ diànhuà.
b) 我不能从家里发邮件了。Wǒ bù néng cóng jiālǐ fā yóujiàn le.
c) 你觉得是中国音乐好听还是日本音乐好听？ Nǐ juéde shì Zhōngguó yīnyuè hǎotīng háishì Rìběn yīnyuè hǎotīng?
d) 你有什么事情都可以来找我。Nǐ yǒu shénme shìqing dōu kěyǐ lái zhǎo wǒ.
e) 高先生的项目预算比销售部的费用高。Gāo xiānsheng de xiàngmù yùsuàn bǐ xiāoshòubù de fèiyòng gāo.
f) 我这个星期连一天也不能休息。Wǒ zhè ge xīngqī lián yì tiān yě bù néng xiūxi.
g) 德国人平时每年休息六个星期。Déguórén píngshí měi nián xiūxi liù ge xīngqī.

2
1f, 2c. 3a, 4g, 5b, 6e, 7d.

3

Richtig: c, d; falsch: a, b.
e) 张民东这几天也住在这栋楼。 Zhāng Míndōng zhè jǐtiān yě zhù zài zhè dòng lóu.
f) 不必去。Bú bì qù.
g) 他们今天晚上六点钟去烤鸭店。 Tāmen jīntiān wǎnshang liù diǎnzhōng qù kǎoyādiàn.

4

a) 他从慕尼黑来。Tā cóng Mùníhēi lái. b) 不，他来中国工作。 Bù, tā lái Zhōngguó gōngzuò.
c) 他当项目负责人。Tā dāng xiàngmù fùzérén. d) 他姓李。 Tā xìng Lǐ.
e) 她负责商务中心的工作。 Tā fùzé shāngwù zhōngxīn de gōngzuò. f) 他认识四位中国同事。 Tā rènshi sì wèi Zhōngguó tóngshì. (= insgesamt) g) 他会一点汉语。 Tā huì yìdiǎn Hànyǔ.

LEKTION 13

祝您住店愉快!

Zhù nín zhù diàn yúkuài!

1

1f: lǐpǐn shāngdiàn; 2c: kèfáng fúwù; 3h: shāngwù zhōngxīn; 4g: xǐyī fúwù; 5d: yínháng; 6e: jiànshēnfáng; 7a: jiǔbā; 8b: shuāngrénchuáng.

3

a) 如果 Rúguǒ; b) 因为，所以 Yīnwèi, suǒyǐ; c) 虽然，可是 Suīrán, kěshì; d) 虽然，可是 Suīrán, kěshì; e) 如果，就 Rǔguǒ, jiù; f) 因为，所以 Yīnwèi, suǒyǐ.

4

a) 我想开套房。Wǒ xiǎng kāi tàofáng. b) 房价多少钱一天？ Fángjià duōshao qián yì tiān?
c) 可以加床吗？ Kěyǐ jiā chuáng ma? d) 在宾馆可以吃早餐吗？ Zài bīnguǎn kěyǐ chī zǎocān ma?
e) 宾馆有没有洗衣服务？ Bīnguǎn yǒu méi yǒu xǐyīfúwù?

5

Position des Prädikats im Satz: a) 1; b) 1; c) 2; d) 2.

7

a) 1) 客房服务为什么来了？ Kèfángfúwù wèishénme lái le?
2) 太太太忙。他一个人去了。 Tàitai tài máng. Tā yí ge rén qù le.
3) 香蕉很好吃。我吃了。Xiāngjiāo hěn hǎochī. Wǒ chī le.
b) 1) 我给前台护照了。Wǒ gěi qiántái hùzhào le.
2) 他们换房间了。Tāmen huàn fángjiān le.
3) 我们入住宾馆了。Wǒmen rù zhù bīnguǎn le.
c) 1) 她开了一间房间。Tā kāi le yì jiān fángjiān.
2) 我们住了几天的宾馆。Wǒmen zhù le jǐ tiān de bīnguǎn.
3) 王太太推荐了两家很漂亮的宾馆。 Wáng tàitai tuījiàn le liǎng jiā hěn piàoliang de bīnguǎn.
d) 1) 会计没去银行。Kuàijì méi qù yínháng.
2) 他们都没去看电影。 Tāmen dōu méi qù kàn diànyǐng.
3) 大家都没去参观外滩。 Dàjiā dōu méi qù cānguān wàitān.
e) 1) 我去银行换钱了。Wǒ qù yínháng huàn qián le.
2) 他帮我找了一家很漂亮的宾馆。Tā bāng wǒ zhǎo le yì jiā hěn piàoliang de bīnguǎn.
3) 我们先吃了早餐，然后买了一点水果，最后健了身。 Wǒmen xiān chī le zǎocān, ránhòu mǎi le yìdiǎn shuǐguǒ, zuìhòu jiàn le shēn.

8

a) 我年轻的时候写很多信。Wǒ niánqīng de shíhòu xiě hěn duō xìn.
b) 我在法国的时候每天从晚上十点睡到早上十点。Wǒ zài Fǎguó de shíhòu měi tiān cóng wǎnshang shí diǎn shuì dào zǎoshang shí diǎn.
c) 我打电话的时候洗衣服务（的人）不在。Wǒ dǎ diànhuà de shíhòu xǐyī fúwù (de rén) bú zài.
d) 我觉得昨天的电影不怎么样。Wǒ juéde zuótiān de diànyǐng bù zěnmeyàng.
e) 他问我标准间的价格是多高。Tā wèn wǒ biāozhǔnjiān de jiàgé shì duō gāo.
f) 我不要吃饭。Wǒ bú yào chīfàn. g) 她没问我。Tā méi wèn wǒ.

9

a) 他找西安的一家宾馆。Tā zhǎo Xīān de yì jiā bīnguǎn.
b) 他从这个月14号到23号在西安。Tā cóng zhè ge yuè 14 hào dào 23 hào zài Xī'an.
c) 因为戴女士帮叶先生的老板找了一家很好还不贵的宾馆，所以老板推荐她了。Yīnwei Dài nǚshì bāng Yè xiānsheng de lǎobǎn zhǎo le yì jiā hěn hǎo hái bú guì de bīnguǎn, suǒyǐ lǎobǎn tuījiàn tā le.
d) 可以去餐馆、卡拉ok、酒吧、健身房和商务中心。Kěyǐ qù cānguǎn, kǎlā ok, jiǔbā, jiànshēnfáng he shāngwù zhōngxīn.
e) 因为她不知道叶先生的预算比谢先生的低。Yīnwei tā bù zhīdao Yè xiānsheng de yùsuàn bǐ Xiè xiānsheng de dī.
f) 谢先生是叶先生的老板。Xiè xiānsheng shì Yè xiānsheng de lǎobǎn.
g) 他觉得最便宜的五月花宾馆好。Tā juéde zuì piányi de Wǔyuèhuā bīnguǎn hǎo.

67

▼ 喂！您好，这是五四楼前台。 Wèi! Nín hǎo, zhè shì Wǔsì lóu qiántái.
◆ 喂！请接大海公司的戴女士。 Wèi! Qǐng jiē Dàhǎi gōngsī de Dài nǚshì.
▼ 请稍等。 Qǐng shāo děng.
▲ 喂！您好！ Wèi! Nín hǎo!
◆ 您好，您是戴女士吗？ Nín hǎo, nín shì Dài nǚshì ma?
▲ 是。请问您是哪位？ Shì. Qǐngwèn nín shì nǎ wèi?
◆ 我姓叶。麻烦您能不能帮我在西安找一家宾馆。因为您上次帮我公司销售部的负责人找了一家很好也不贵的宾馆，所以他就给我推荐您了。他姓谢…… Wǒ xìng Yè. Máfan nín néng bù néng bāng wǒ zài Xī'ān zhǎo yì jiā bīnguǎn. Yīnwei nín shàngcì bāng wǒ gōngsī xiāoshòubù de fùzérén zhǎo le yì jiā hěn hǎo yě bú guì de bīnguǎn, suǒyǐ tā jiù gěi wǒ tuījiàn nín le. Tā xìng Xiè ...
▲ 啊，知道了。 À, zhīdao le.
◆ 我要住一个多星期的宾馆，从这个月14号到23号。 Wǒ yào zhù yí ge duō xīngqī de bīnguǎn, cóng zhè ge yuè 14 hào dào 23 hào.
▲ 我可以推荐一家宾馆名字叫双鱼宾馆。套房和标准间都有。它还有餐馆、卡拉ok、酒吧、健身房、商务中心…… Wǒ kěyǐ tuījiàn yí jiā bīnguǎn míngzi jiào Shuāngyú bīnguǎn. Tàofáng hé biāozhǔnjiān dōu yǒu. Tā hái yǒu cānguǎn, kǎlā ok, jiǔbā, jiànshēnfáng, shāngwù zhōngxīn ...
◆ 哦，对不起，不行，一定太贵了。 Ò, duìbuqǐ, bù xíng, yí dìng tài guì le.
▲ 不不不，宾馆是非常好，可是标准间不太贵。如果您网上预订，房价1125元一天。不贵吧？ Bù bù bù, bīnguǎn shì fēicháng hǎo, kěshì biāozhǔnjiān bú tài guì. Rúguǒ nín wǎngshàng yùdìng, fángjià 1125 Yuán yì tiān. Bú guì ba?
◆ 嗯，您可以再给我推荐一家吗？ Ńg, nín kěyǐ zài gěi wǒ tuījiàn yí jiā ma?
▲ 那，我想一想。—— 啊，知道了，还有一家，很便宜的。名字叫美人宾馆。可是您的同事觉得不太好。房价650元一天。 Nà, wǒ xiǎng yì xiǎng. – À, zhīdao le, hái yǒu yì jiā, hěn piányi de. Míngzi jiào Měirén bīnguǎn. Kěshì nín de tóngshì juéde bú tài hǎo. Fángjià 650 yuán yì tiān.
◆ 哦，他不是我的同事，他是我的老板。我的预算当然不比他的高。我不能花这么多钱。 Ò, tā bú shì wǒ de tóngshì, tā shì wǒ de lǎobǎn. Wǒ de yùsuàn dāngrán bù bǐ tā de gāo. Wǒ bù néng huā zhème duō qián.
▲ 您的预算是多少？ Nín de yùsuàn shì duōshao?
◆ 哦，您最好能告诉我最低的房价就行了。 Ò, nín zuì hǎo néng gàosu wǒ zuì dī de fángjià jiù xíng le.

▲ 那，最低的房价就是在五月花宾馆。80元每晚。里面没有餐馆，什么都没有，可是外面餐馆、商店、迪厅都很多。宾馆只有单人床。如果您一个人来，就没有问题吧。用护照可以开房间。
Nà, zuì dī de fángjià jiùshì zài Wǔyuèhuā bīnguǎn. 80 Yuán měi wǎn. Lǐmiàn méi yǒu cānguǎn, shénme dōu méi yǒu. Kěshì wàimian cānguǎn, shāngdiàn, dítīng dōu hěn duō. Bīnguǎn zhǐ yǒu dānrénchuáng. Rúguǒ nín yígerén lái, jiù méi yǒu wèntí ba. Yòng hùzhào kěyǐ kāi fángjiān.

◆ 多谢多谢，您太客气了。不好意思，给您添了很多麻烦。
Duōxiè duōxiè, nín tài kèqì le. Bù hǎo yìsi, gěi nín tiān le hěn duō máfan.

▲ 没关系。真的。好，祝您在西安愉快！
Méi guānxi. Zhēn de. Hǎo, zhù nín zài Xīān yúkuài!

12

a) 椅子在桌子的前面。Yǐzi zài zhuōzi de qiánmian. b) 笔在桌子上。Bǐ zài zhuōzi shàng.
c) 包在椅子下。Bāo zài yǐzi xià. d) 床在桌子的旁边。Chuáng zài zhuōzi de pángbiān.
e) 灯在床的旁边。Dēng zài chuáng de pángbiān.

14

a) 对不起，我的房间乱七八糟。Duìbuqǐ, wǒ de fángjiān luànqībāzāo.
b) 对不起，卫生间没有灯。Duìbuqǐ, wèishēng jiān méi yǒu dēng.
c) 对不起，我房间的保险箱不好用。Duìbuqǐ, wǒ fángjiān de bǎoxiǎn xiāng bù hǎo yòng.
d) 对不起，冰箱里没有饮料。Duìbuqǐ, bīngxiāng lǐ méi yǒu yǐnliào.

16

a) 他住亚龙宾馆了。Tā zhù Yàlóng bīnguǎn le.
b) 因为宾馆的经理知道亚洲人喜欢什么，所以这家宾馆的亚洲客人很多。Yīnwei bīnguǎn de jīnglǐ zhīdao Yàzhōurén xǐhuan shénme, suǒyǐ zhè jiā bīnguǎn de Yàzhōu kèren hěn duō.
c) 钱为民在那里每天睡十二个小时。Qián Wèimín zài nàli měi tiān shuì shíèr ge xiǎoshí.
d) 因为他要问一下，钱为民的身体好不好。Yīnwèi tā yào wèn yíxià, Qián Wèimín de shēntǐ hǎo bu hǎo.
e) 吃晚饭的时候他桌子上有各种水果，还有一封经理写的信。Chī wǎnfàn de shíhòu tā zhuōzi shàng yǒu gè zhǒng shuǐguǒ, hái yǒu yì fēng jīnglǐ xiě de xìn.
f) 因为他觉得现在他的身体非常好，所以星期六要和朋友去踢足球。Yīnwei tā juéde xiànzài tā de shēntǐ fēicháng hǎo, suǒyǐ xīngqīliù yào hé péngyou qù tī zúqiú.

17

Luàn qī bā zāo.

18

69 我们宾馆的游泳池您可以随意使用。Wǒmen bīnguǎn de yóuyǒngchí nín kěyǐ suíyì shǐyòng.
Sie können den Hotelpool nach Belieben nutzen.

19

a) 我要预订从星期一到星期三的套房。Wǒ yào yùdìng cóng xīngqīyī dào xīngqīsān de tàofáng.
b) 因为我明天早上六点去上海，所以现在要付钱。Yīnwei wǒ míngtiān zǎoshang liù diǎn qù Shànghǎi, suǒyǐ yào xiànzài fùqián.
c) 客房服务没来。Kèfángfúwù méi lái.
d) 床旁边的灯有毛病。Chuáng pángbiān de dēng yǒu máobìng.
e) 健身房在几楼？ Jiànshēnfáng zài jǐ lóu?
f) 我们住的宾馆提供了各种服务。Wǒmen zhù de bīnguǎn tígōng le ge zhǒng fúwù.

一天到晚总是堵车。

Yì tiān dào wǎn zǒngshì dǔchē.

14 LEKTION

1
1-e-3; 2-c-4; 3-d-1; 4-a-5; 5-b-2.

3
a5, b8, c6, d1, e7, f4, g2, h3.

5
a) 公交车 gōngjiāochē; b) 到 dào; c) 马路 mǎlù; d) 楼 lóu.

6
a) 你可以先坐轻轨到火车站。Nǐ kěyǐ xiān zuò qīngguǐ dào huǒchēzhàn.
b) 你从宾馆到火车站坐五站。Nǐ cóng bīnguǎn dào huǒchēzhàn zuò wǔ zhàn.
c) 磁悬浮的路线不是很方便。Cíxuánfú de lùxiàn bú shì hěn fāngbiàn.
d) 我从机场打的去宾馆。Wǒ cóng jīchǎng dǎdī qù bīnguǎn.
e) 市中心一天到晚堵车。Shìzhōngxīn yì tiān dào wǎn dǔchē.
f) 从人民公园走差不多五分钟就到了。Cóng Rénmín gōngyuán zǒu chàbuduō wǔ fēnzhōng jiù dào le.

7
a) 到上海浦东机场坐磁悬浮。Dào Shànghǎi Pǔdōng jīcháng zuò cíxuánfú.
b) 从人民广场到火车站坐地铁一号线。Cóng Rénmín Guǎngchǎng dào huǒchēzhàn zuò dìtiě yí hào xiàn.
c) 从人民广场到虹口足球场在上海火车站转车。Cóng Rénmín Guǎngchǎng dào Hóngkǒu zúqiúchǎng zài Shànghǎi huǒchēzhàn zhuǎnchē.
d) 从南浦大桥到龙阳路坐七站。Cóng Nánpǔ dàqiáo dào Lóngyánglù zuò qī zhàn.

10
a) 老张去北京了。Lǎo Zhāng qù Běijīng le.
b) 她上个星期在上海。Tā shàng ge xīngqī zài Shànghǎi.
c) 因为那里有新项目。Yīnwèi nàlǐ yǒu xīn xiàngmù.
d) 地铁不到新新商务宾馆。Dìtiě bú dào Xīnxīn Shāngwù Bīnguǎn.
e) 上海的磁悬浮不到市中心。Shànghǎi de cíxuánfú bú dào shìzhōngxīn.
f) 因为市中心一天到晚堵车。Yīnwèi shìzhōngxīn yì tiān dào wǎn dǔchē.

70

◆ 喂，找哪位？	Wèi, zhǎo nǎ wèi?
▼ 喂，老张在不在？	Wèi, Lǎo Zhāng zài bú zài?
◆ 哦，他去北京了。我现在负责他的工作，我也姓张，您有什么事吗？	Ò, tā qù Běijīng le. Wǒ xiànzài fùzé tā de gōngzuò, wǒ yě xìng Zhāng, nín yǒu shénme shì ma?
▼ 你是张学友吧，我是关知林啊，你上个星期在上海，对不对？回来了？！	Nǐ shì Zhāng Xuéyǒu ba, wǒ shì Guān Zhīlín a, nǐ shàng ge xīngqī zài Shànghǎi, duì bú duì? Huílai le?!
◆ 关小姐啊，是是，回来了。	Guān xiǎojie a, shì shì, huílai le.
▼ 我下个月也要去上海，那里有新的项目。	Wǒ xià ge yuè yě yào qù Shànghǎi, nàli yǒu xīn de xiàngmù.
◆ 哦，那你找老张有什么事吗？	Ó, nà nǐ zhǎo Lǎo Zhāng yǒu shénme shì ma?
▼ 他不在，我问你也行。我去上海，不知道住哪个地方好，你给我推荐几个吧。	Tā bú zài, wǒ wèn nǐ yě xíng. Wǒ qù Shànghǎi, bù zhīdao zhù nǎ ge dìfang hǎo, nǐ gěi wǒ tuījiàn jǐ ge ba.

◆ 我去上海的时候，住新新商务宾馆，还行。
Wǒ qù Shànghǎi de shíhou, zhù Xīnxīn Shāngwù Bīnguǎn, hái xíng.

▼ 地铁到不到？
Dìtiě dào bú dào?

◆ 地铁不到，轻轨到。从宾馆右转，走差不多5分钟就到了，就在路口。
Dìtiě bú dào, qīngguǐ dào. Cóng bīnguǎn yòu zhuǎn, zǒu chàbuduō 5 fēn zhōng jiù dào le, jiù zài lùkǒu.

▼ 可是我要坐地铁去公司。
Kěshì wǒ yào zuò dìtiě qù gōngsī.

◆ 你可以先坐轻轨到火车站，在那里转坐地铁，坐到北京西路站，下车，就是公司。你先可以上网看看。
Nǐ kěyǐ xiān zuò qīngguǐ dào huǒchēzhàn, zài nàli zhuǎn zuò dìtiě, zuò dào Běijīngxīlù zhàn, xiàchē, jiùshì gōngsī. Nǐ xiān kěyǐ shàngwǎng kànkan.

▼ 好，我知道了。
Hǎo, wǒ zhīdao le.

◆ 过条马路就是公司了。你从宾馆到公司20多分钟就到了。
Guò tiáo mǎlù jiùshì gōngsī le. Nǐ cóng bīnguǎn dào gōngsī 20 duō fēn zhōng jìu dào le.

▼ 太好了。还有，如果我直接从机场到公司，是不是可以坐磁悬浮去？
Tài hǎo le. Hái yǒu, rúguǒ wǒ zhíjiē cóng jīchǎng dào gōngsī, shì bú shì kěyǐ zuò cíxuánfú qù?

◆ 我觉得磁悬浮的路线不是很方便，我们公司在市中心，磁悬浮不到市中心，你还要转坐地铁，磁悬浮的车票还很贵。当然你如果对磁悬浮感兴趣，去参观一下，也行。
Wǒ juéde cíxuánfú de lùxiàn bú shì hěn fāngbiàn, wǒmen gōngsī zài shìzhōngxīn, cíxuánfú bú dào shìzhōngxīn, nǐ hái yào zhuǎn zuò dìtiě, cíxuánfú de chēpiào hái hěn guì. Dāngrán nǐ rúguǒ duì cíxuánfú gǎn xìngqù, qù cānguān yíxià, yě xíng.

▼ 哦，我不太感兴趣。那我还是从机场打的去宾馆。我一个人去上海，转车不是很方便。
Ò, wǒ bú tài gǎn xìngqù. Nà wǒ hái shì cóng jīchǎng dǎdī qù bīnguǎn. Wǒ yígerén qù Shànghǎi, zhuǎn chē bú shì hěn fāngbiàn.

◆ 打的？市中心一天到晚堵车，公司付钱吗？
Dǎdī? Shìzhōngxīn yì tiān dào wǎn dǔchē, gōngsī fù qián ma?

▼ 哎，所以我还是要问问老张，他是老板，他负责预算，你有他的手机号吗？
Āi, suǒyǐ wǒ háishì yào wènwen Lǎo Zhāng, tā shì lǎobǎn, tā fùzé yùsuàn, nǐ yǒu tā de shǒujī hào ma?

12

Geschmacksrichtungen: 甜 tián, 辣 là, 酸 suān.
Ortsangaben: 在市中心 zài shìzhōngxīn, 在桌子上 zài zhuōzi shang, 在里面 zài lǐmiàn, 在床下 zài chuáng xià, 在中国 zài Zhōngguó.
Redewendungen: 劳苦功高 láokǔgōnggāo, 好久不见了 hǎo jiǔ bú jiàn le, 乱七八糟 Luàn qī bā zāo, 说到曹操,曹操就到 Shuō dào Cáocāo, Cáocāo jiù dào, 入乡随俗 rù xiāng suí sú.
Einrichtungsgegenstände: 床 chuáng, 椅子 yǐzi, 桌子 zhuōzi, 电视 diànshì, 灯 dēng.
Freizeitaktivitäten: 唱卡拉ok chàng kǎlā ok, 跳舞 tiàowǔ, 健身 jiànshēn, 逛街 guàngjiē, 看电影 kàn diànyǐng.

14

a) 火车早一点到。Huǒchē zǎo yìdiǎn dào.
b) 从这里到邮局远一点。Cóng zhèlǐ dào yóujú yuǎn yìdiǎn.
c) 段士林的汽车快一点。Duàn shìlín de qìchē kuài yìdiǎn.
d) 他上次住的宾馆房价和这次住的一样高。Tā shàng cì zhù de bīnguǎn fángjià hé zhè cì zhù de yíyàng gāo.
e) 中国菜辣一点。Zhōngguó cài là yìdiǎn.
f) 迪厅里的中国人多一点。Dítīng lǐ de Zhōngguórén duō yìdiǎn.

15

a) 我男朋友坐了一个半小时的火车了。Wǒ nánpéngyou zuò le yí ge bàn xiǎoshí de huǒchē le.
b) 奶奶打了二十分钟的太极拳了。Nǎinai dǎ le èrshí fēnzhōng de tàijíquán le.
d) 老板开了十几年的车了。Lǎobǎn kāi le shí jǐ nián de chē le.
e) 经理吸了几十年的烟了。Jīnglǐ xī le jǐ shí nián de yān le.

17

	李月 Lǐ Yuè	年京 Nián Jīng
1.	李月在公交车公司工作很多年了。Lǐ Yuè zài gōngjiāochē gōngsī gōngzuò hěn duō nián le.	年京在公交车公司工作很多年了。
2.	李月一天要工作5个小时左右。Lǐ Yuè yì tiān yào gōngzuò 5 ge xiǎoshí zuǒyòu.	年京一天要工作5个小时左右。Nián Jīng yì tiān yào gōngzuò 5 ge xiǎoshí zuǒyòu.
3.	李月觉得他的工作很辛苦。Lǐ Yuè juéde tā de gōngzuò hěn xīnkǔ.	
7.	李月有两个孩子，一男一女。一个7岁，一个12岁。Lǐ Yuè yǒu liǎng ge háizi, yì nán yì nǚ. Yí ge 7 suì, yí ge 12 suì.	年京没有孩子。Nián Jīng méi yǒu háizi.
8.	李月很喜欢现在的工作。Lǐ Yuè hěn xǐhuan xiànzài de gōngzuò.	年京觉得现在的工作还可以。Nián Jīng juéde xiànzài de gōngzuò hái kěyǐ.
9.	李月觉得这是当然的。地铁不会堵车，车票价格不贵，地铁也没有公交车那么慢。Lǐ Yuè juéde zhè shì dāngrán. Dìtiě bú huì dǔchē, chēpiào jiàgé bú guì, dìtiě yě méi yǒu gōngjiāo chē nàme màn.	
11.		年京和同事的关系还可以，他很喜欢帮同事的忙。Nián Jīng hé tóngshì de guānxi hái kěyǐ, tā hěn xǐhuan bāng tōngshì de máng.
12.	李月业余时间喜欢和朋友去迪厅跳舞和唱卡拉OK。Lǐ Yuè yèyú shíjiān xǐhuan he péngyou qù dítīng tiàowǔ hé chàng kǎlā ok.	年京业余时间喜欢看书。Nián Jīng yèyú shíjiān xǐhuan kànshū.

71

▼ 大家好。今天我很高兴给大家介绍两位在上海公交车公司工作的员工。这位是李月，李先生。那位是年京，年先生。
◆ 大家好。我是李月。
▲ 大家好。年京。
▼ 李先生和年先生都已经在上海公交车公司工作很多年了。嗯，李先生，您喜欢您现在的工作吗？
◆ 是的，我很喜欢这个工作。
▼ 为什么？
◆ 因为每天都可以和很多不一样的人聊天。
▼ 年先生呢？
▲ 还可以吧。
▼ 您觉得辛苦吗？必须从早上到晚上工作吗？
▲ 不用。

Dàjiā hǎo. Jīntiān wǒ hěn gāoxìng gěi dàjiā jièshào liǎng wèi zài Shànghǎi gōngjiāochē gōngsī gōngzuò de yuángōng. Zhè wèi shì Lǐ Yuè, Lǐ xiānsheng. Nà wèi shì Nián Jīng, Nián xiānsheng.
Dàjiā hǎo. Wǒ shì Lǐ Yuè.
Dàjiā hǎo. Nián Jīng.
Lǐ xiānsheng hé Nián xiānsheng dōu yǐjīng zài Shànghǎi gōngjiāochē gōngsī gōngzuò hěn duō nián le. Ńg, Lǐ xiānsheng, nín xǐhuan nín xiànzài de gōngzuò ma?
Shìde, wǒ hěn xǐhuan zhè ge gōngzuò.
Wèi shénme?
Yīnwèi měi tiān dōu kěyǐ hé hěn duō bù yíyàng de rén liáotiān.
Nián xiānsheng ne?
Hái kěyǐ ba.
Nín juéde xīnkǔ ma? Bìxū cóng zǎoshang dào wǎnshang gōngzuò ma?
Bú yòng.

◆	我们每天只工作半天，5个小时左右。可是周末不休息，所以还是很辛苦的。	Wǒmen měi tiān zhǐ gōngzuò bàntiān, 5 ge xiǎoshí zuǒyòu. Kěshì zhōumò bù xiūxī, suǒyǐ háishì hěn xīnkǔ de.
▼	Ok，李先生，您的家离公司远吗？	Ok, Lǐ xiānsheng, nín de jiā lí gōngsī yuǎn ma?
◆	还可以吧，15公里左右，坐车差不多一个小时，因为要转车。	Hái kěyǐ ba, 15 gōnglǐ zuǒyòu, zuòchē Chàbuduō yí ge xiǎoshí, yīnwei yào zhuǎn chē.
▼	您有孩子吗？	Nín yǒu háizi ma?
◆	嗯，两个，一男一女。一个7岁，一个已经12岁了。	Ňg, liǎng ge, yì nán yì nǚ. Yí ge 7 suì, yí ge yǐjīng 12 suì le.
▼	年先生呢？	Nián xiānsheng ne?
▲	我没有孩子。	Wǒ méi yǒu háizi.
▼	年先生，您和同事的关系怎么样？	Nián xiānsheng, nín hé tóngshì de guānxì zěnmeyàng?
▲	还可以。	Hái kěyǐ.
◆	年京他很喜欢帮同事的忙。	Nián Jīng tā hěn xǐhuan bāng tóngshì de máng.
▼	哦，很好啊。现在很多人都喜欢坐地铁，不喜欢坐公交车。年先生怎么看这个问题？	Ò, hěn hǎo a. Xiànzài hěn duō rén dōu xǐhuan zuò dìtiě, bù xǐhuan zuò gōngjiāochē. Nián xiānsheng zěnme kàn zhè ge wèntí?
▲	这是当然。地铁不会堵车，车票价格不贵，地铁也没有公交车那么慢。	Zhè shì dāngrán. Dìtiě bú huì dǔchē, chēpiào jiàgé bú guì, dìtiě yě méi yǒu gōngjiāo chē nàme màn.
▼	Ok，最后一个问题，两位。你们业余时间都喜欢做什么呢？	OK, zuìhòu yí ge wèntí, liǎng wèi. Nǐmen yèyú shíjiān dōu xǐhuan zuò shénme ne?
▲	看书。	Kànshū.
▼	李先生呢？	Lǐ xiānsheng ne?
◆	我喜欢和朋友去迪厅跳舞，还有唱卡拉OK。	Wǒ xǐhuan hé péngyou qù dítīng tiàowǔ, hái yǒu chàng kǎlā ok.
▼	好，谢谢两位今天的光临。对了，年先生，姓年的人很少啊。	Hǎo, xièxie liǎng wèi jīntiān de guānglín. Duì le, Nián xiānsheng, xìng Nián de rén hěn shǎo ā.
▲	是不多。	Shì bù duō.
▼	年先生的话也不多呢。	Nián xiānsheng de huà yě bù duō ne.
▼◆▲	哈哈哈……	hāhāhā ...

18

Yì tiān dào wǎn.

19

73 麻烦，请让一下。Máfan, qǐng ràng yíxià. Entschuldigung, darf ich bitte vorbei?

20

a) 我从家到公司走路要半个小时。Wǒ cōng jiā dào gōngsī zǒulù yào bàn ge xiǎoshí.
b) 你最好坐轻轨，因为街上总是堵车。Nǐ zuì hǎo zuò qīngguǐ, yinwèi jiē shang zǒng dǔche.
c) 骑自行车去怎么样？ Qí zìxíngchē qu zěnmeyàng?
d) 从机场坐磁悬浮到市中心在哪里倒车？ Cóng jīchǎng zuò cíxuánfú dào shìzhōngxīn zài nǎlǐ dǎochē?
e) 到火车站是不是在下一个路口往左转？ Dào huǒchēzhàn shì bu shì zài xià yí ge lùkǒu wǎng zuǒ zhuǎn?
f) 这钟点人人赶时间。Zhè zhōngdiǎn rénrén gǎn shíjiān.
g) 从南京市中心到长江大桥远不远？ Cóng Nánjīng shìzhōngxīn dào Chángjiāng dàqiáo yuǎn bu yuǎn?

一路顺风！

Yí lù shùn fēng!

1
a-4-b; b-3-f; c-6-e; d-5-c; e-1-d; f-2-a.

3
Wortfeld Flug: 起飞 qǐfēi, 飞机 fēijī, 机场 jīchǎng, 头等舱 tóu děng cāng, 航空 hángkōng, 来回票 láihuí piào, 机票 jīpiào, 票价 piàojià.
Worfeld Zug: 硬卧 yìng wò, 硬座 yìng zuò, 软卧 ruǎn wò, 软座 ruǎn zuò, 磁悬浮 cí xuánfú, 来回票 láihuí piào, 机票 jīpiào, 火车票 huǒchē piào, 票价piàojià.

4
a1, b2, c2.

5
a) 西红柿是红色的。Xīhóngshì shì hóngsè de. b) 西兰花是绿色的。Xīlánhuān shì lǜsè de.
c) 梨是黄色的。Lí shì huángsè de. d) 牛奶是白色的。Niúnǎi shì báisè de.

6
a) 第三天参观故宫、天安门，坐车游北京市中心；第四天逛街、去香山公园、唱卡拉ok。Dì sān tiān cānguān Gùgōng, Tiān'ānmén, zuòchē yóu Běijīng shìzhōngxīn; dì sì tiān guàngjiē, qù Xiāngshāng gōngyuán, chàng kǎlā ok.
b) 第一个来电话的人在柏林。Dì yī ge lái diànhuà de rén zài Bólín.
第二个来电话的人在维也纳。Dì èr ge lái diànhuà de rén zài Wéiyěnà.

7
a) 二号线开往张江。Èr hào xiàn kāi wǎng Zhāngjiāng.
b) 开往张江的地铁已经到了。Kāi wǎng Zhāngjiān de dìtiě yǐjīng dào le.
c) 乘客们必须注意，这是今天开往张江的最后一班地铁。Chéngkèmen bìxū zhùyì, zhè shì jīntiān kāi wǎng Zhāngjiāng de zuìhòu yì bān dìtiě.

74

- 乘客们，下一班开往张江的二号线马上就要进站了。 Chéngkèmen, xià yì bān kāi wǎng Zhāngjiāng de èr hào xiàn mǎshàng jiù yào jìnzhàn le.
- 请注意，这是今天开往人民广场和张江的最后一班车次。 Qǐng zhùyì, zhè shì jīntiān kāi wǎng Rénmín guǎngchǎng hé Zhāngjiāng de zuìhòu yì bān chēcì.
- 请还没有进站的乘客注意时间。 Qǐng hái méi yǒu jìnzhàn de chéngkè zhùyì shíjiān.

- 乘客们，今天最后一班开往张江的地铁已经到了。 Chéngkèmen, jīntiān zuìhòu yì bān kāi wǎng Zhāngjiāng de dìtiě yǐjīng dào le.
- 请各位乘客马上进站。 Qǐng gè wèi chéngkè mǎshàng jìnzhàn.

- 乘客们，开往张江的二号线马上就要出发了。 Chéngkèmen, kāi wǎng Zhāngjiāng de èr hào xiàn mǎshàng jiù yào chūfā le.
- 请注意，这是今天开往张江的最后一班地铁。 Qǐng zhùyì, zhè shì jīntiān kāi wǎng Zhāngjiāng de zuìhòu yì bān dìtiě.

9
1) 海口 Hǎikǒu; 2) 深圳 Shēnzhèn; 3) 广州 Guǎngzhōu; 4) 昆明 Kūnmíng; 5) 桂林 Guìlín;
6) 上海 Shànghǎi; 7) 西安 Xī'ān; 8) 南京 Nánjīng; 9) 兰州 Lánzhōu; 10) 青岛 Qīngdǎo;
11) 大连 Dàlián; 12) 天津 Tiānjīn; 13) 北京 Běijīng.

11

a) 下了班以后周星星和同事们去卡拉ok开派对。Xià le bān yǐhòu Zhōu Xīngxing hé tóngshì men qù kǎlā ok kāi pàiduì.

b) 张学友是今天上午从香港回来的。Zhāng Xuéyǒu shì jīntiān shàngwǔ cóng Xiānggǎng huílai de.

c) 因为天气不好，从香港起飞的航班都取消了，所以张学友不是坐飞机回来的。Yīnwèi tiānqì bù hǎo, cóng Xiānggǎng qǐfēi de hángbān dōu qǔxiāo le, suǒyǐ Zhāng Xuéyǒu bú shì zuò Fēijī huílai de.

d) 因为张先生是坐了二十多个小时的硬座从香港回来的，所以周星星觉得张先生很辛苦。Yīnwèi Zhāng Xiānsheng shì zuò le èrshí duō ge xiǎoshí de yìngzuò cóng Xiāngǎng huílái de, suǒyǐ Zhōu Xīngxing juéde Zhāng Xiānsheng hěn xīnkǔ.

e) 是香港的同事送张先生去火车站的。Shì Xiānggǎng de tóngshì sòng Zhāng Xiānsheng qù huǒchēzhàn de.

f) 因为经济舱没位子了，只有商务舱。关大姐觉得商务舱太花钱，所以没坐飞机去西安。Yīnwèi jīngjìcāng méi wèizi le, zhǐ yǒu shāngwùcāng. Guān Dàjiě juéde shāngwùcāng tài huāqián, suǒyǐ méi zuò fēijī qù Xī'ān.

g) 关大姐最后是坐长途客车去的。Guān Dàjiě zuìhòu shì zuò chángtú kèchē qù de.

75

▼ 周星星，今天销售部的同事请客，下班以后去卡拉ok开派对，你去不去？	Zhōu Xīngxing, jīntiān xiāoshòubù de tóngshì qǐngkè, xiàbān yǐhòu qù kǎlā ok kāi pàiduì, nǐ qù bù qù?
▲ 我再写一个邮件就去。对了，他们销售部的张学友也从香港回来了？	Wǒ zài xiě yí ge yóujiàn jiù qù. Duì le, tāmen xiāoshòubù de Zhāng Xuéyǒu yě cóng Xiānggǎng huí lai le?
▼ 他今天上午才回来。中午到公司吃了中饭，见了一下老板，就回去休息了。	Tā jīntiān shàngwǔ cái huílai. Zhōngwǔ dào gōngsī chī le zhōngfàn, jiàn le yíxià lǎobǎn, jiù huíqù xiūxi le.
▲ 休息？他不来派对吗？	Xiūxi? Tā bù lái pàiduì ma?
▼ 不来了。他是坐火车回来的，还是最便宜的硬座。	Bù lái le. Tā shì zuò huǒchē huílai de, háishì zuì piányi de yìngzuò.
▲ 什么？那要二十多个小时呢，他没订机票吗？	Shénme? Nà yào èrshí duō ge xiǎoshí ne, tā méi dìng jīpiào ma?
▼ 天气不好，从香港起飞的航班都取消了。昨天上午他到机场的时候才知道。他赶时间回来给老板回复。没办法，只能硬坐回来。	Tiānqì bù hǎo, cóng Xiānggǎng qǐfēi de hángbān dōu qǔxiāo le. Zuótiān shàngwǔ tā dào jīchǎng de shíhou cái zhīdao. Tā gǎn shíjiān huílai gěi lǎobǎn huífù. Méi bànfǎ, zhǐ néng yìngzuò huílai.
▲ 哎，他真是辛苦！	Āi, tā zhēn shì xīnkǔ!
▼ 这次已经是不错了，他有我帮忙，我马上给他安排火车了。香港的同事还直接从办公室开车送他到火车站。	Zhè cì yǐjīng shì bú cuò le, tā yǒu wǒ bāngmáng, wǒ mǎshàng gěi tā ānpái huǒchē le. Xiānggǎng de tóngshì hái zhíjiē cóng bàngōngshì kāichē sòng tā dào huǒchēzhàn.
▲ 嗯，比挤长途客车好。你帮忙？火车票可是不好买啊。	Ňg, bǐ jǐ chángtú kèchē hǎo. Nǐ bāngmáng? Huǒchē piào kěshì bù hǎo mǎi a.
▼ 你知道，我一天到晚帮顾客订来回机票车票。一回生，二回熟，卖票的都认识我了。	Nǐ zhīdao, wǒ yì tiān dào wǎn bāng gùkè dìng láihuí jīpiào chē piào. Yì huí shēng, èr huí shú, mài piào de dōu rènshi wǒ le.
▲ 你还真有办法。我们办公室的关大姐上次去西安，连一张慢车的车票都没有。	Nǐ hái zhēn yǒu bànfǎ. Wǒmen bàngōngshì de Guān Dàjiě shàngcì qù Xī´ān, lián yìzhāng mànchē de chēpiào dōu méi yǒu.
▼ 那就坐飞机嘛。	Nà jiù zuò fēijī ma.
▲ 哎，坐飞机？经济舱没位子了，只有商务舱。关大姐觉得太花钱，坐了几天的长途客车才到。	Āi, zuò fēijī? Jīngjìcāng méi wèizi le, zhǐ yǒu shāng wùcāng. Guān Dàjiě juéde tài huāqián, zuò le jǐ tiān de chángtú kèchē cái dào.
▼ 啊？什么？挤长途客车也太辛苦了吧。	Á? Shénme? Jǐ chángtú kèchē yě tài xīnkǔ le ba.

▲ 是啊，下次我就有办法了，联系你就行了。我有你手机号。
▼ 你还找我啊，预算负责人？经济舱没位子了，当然坐商务舱，比坐头等舱的预算还低。

Shì a, xià cì wǒ jiù yǒu bànfǎ le, liánxì nǐ jiù xíng le. Wǒ yǒu nǐ shǒujī hào.
Nǐ hái zhǎo wǒ a, yùsuàn fùzérén? Jīngjìcāng méi wèizi le, dāngrán zuò shāngwùcāng, bǐ zuò tóuděngcāng de yùsuàn hái dī.

13
a) 因为天气不好，从香港起飞的航班都取消了，所以张先生从香港回来的时候改交通工具了。Yīnwèi tiānqì bù hǎo, cóng Xiānggǎng qǐfēi de hángbān dōu qǔxiāo le, suǒyǐ Zhāng Xiānsheng cóng Xiānggǎng huílai de shíhou gǎi jiāotōng gōngjù le.
b) 张先生路上要二十多个小时。Zhāng Xiānsheng lùshang yào èrshí duō ge xiǎoshí.
c) 关大姐想坐飞机去西安的时候，经济舱没有位子了。Guān Dàjiě xiǎng zuò fēijī qù Xī'ān de shíhou, jīngjìcāng méi yǒu wèizi le.

15
a) 张小七住在青岛，顾一路住在香港。Zhāng Xiǎoqī zhù zài Qīngdǎo, Gù Yīlù zhù zài Xiānggǎng.
b) 因为张小七总是没有时间，所以他不能去看顾一路。Yīnwèi Zhāng Xiǎoqī zǒngshì méi yǒu shījiān, suǒyǐ tā bù néng qù kàn Gù Yīlù.
c) 顾一路长推荐张小七坐火车来香港，然后再从香港坐飞机回青岛。Gù Yīlù tuījiàn Zhāng Xiǎodqī zuò huǒchē lái Xiānggǎng, ránhòu zài cóng Xiānggǎng zuò fēijī huí Qīngdǎo.
d) 因为他们公司的预算太少，费用太多，所以他也没有办法去张小七住的地方。Yīnwèi tāmen gōngsi de yùsuàn tài shǎo, fèiyòng tài duō, suǒyǐ tā yě méi yǒu bànfǎ qù Zhāng Xiǎoqī zhù de dìfang.

16
Yí lù shùn fēng!

17
中国有哪些度假的好地方？ Zhōngguó yǒu nǎxiē dùjià de hǎo dìfang? Welche schönen Urlaubsorte gibt es in China? 77

18
a) 一路顺风！ Yí lù shùn fēng!
b) 我第三天打的去了长城。Wǒ dì sān tiān dǎdī qù le Chángchéng.
c) 如果经济舱三千多元钱，和商务舱差不多一样贵。Rúguǒ jīngjìcāng sānqiān duō yuán qián, hé shāngwùcāng chàbuduō yíyàng guì.
d) 请问， 你是坐硬卧去青岛的吗？ Qǐngwèn, nǐ shì zuò yìngwò qù Qīngdǎo de ma?
e) 请问，坐中国国际航空公司的航班还是坐德国航空公司的航班舒服？ Qǐngwèn, zuò Zhōngguó guójì hángkōng gōngsī de hángbān háishi zuò Déguó hángkōng gōngsī de hángbān shūfu?
f) 我到机场的时候才知道到桂林的航班取消了。Wǒ dào jīchǎng de shíhou cái zhīdao dào Guìlín de hángbān qǔxiāo le.
g) 机票没有办法提前三天。Jīpiào méi yǒu bànfǎ tíqián sān tiān.
h) 我今年秋天去广州的时候，我的同事去火车站接我了。Wǒ jīnnián qiūtiān qù Guǎngzhōu de shíhòu, wǒ de tóngshì qù huǒchēzhàn jiē wǒ le.

Wiederholung und Test (13–15)

1
a) 从桂林起飞的航班都取消了。Cóng Guìlín qǐfēi de hángbān dōu qǔxiāo le.
b) 我是一个人坐火车去中国的。Wǒ shì yígerén zuò huǒchē qù Zhōngguó de.
c) 其他的宾馆没有我们的那么贵，可是也没有那么舒服。Qítā de bīnguǎn méi yǒu wǒmen de nàme guì, kěshì yě méi yǒu nàme shūfu.

d) 你可以在下一个路口坐48路公交车。Nǐ kěyǐ zài xià yí ge lùkǒu zuò 48 lù gōngjiāochē.
e) 上海有各种交通工具。Shànghǎi yǒu gè zhǒng jiāotōng gōngjù.
f) 下班以后订宾馆房间了。Xiàbān yǐhòu dìng bīnguǎn fángjiān le.
g) 你在中国旅游的时候都参观了什么地方？ Nǐ zài Zhōngguó lǚyóu de shíhou dōu cānguān le shénme dìfang?

2

1c, 2e, 3b, 4f, 5g, 6a, 7d.

3

Richtig: c; falsch: a, b, d.
e) 她问的乘客已经等了五个多小时。Tā wèn de chéngkè yǐjīng děng le wǔ gè duō xiǎoshí.
f) 从昆明和广州起飞的航班取消了。Cóng Kūnmíng hé Guǎngzhōu qǐfēi de hángbān qǔxiāo le.
g) 他是昆明机场负责人。Tā shì Kūnmíng jīchǎng fùzérén.

4

a) 人们一年四季都爱吃北京烤鸭。Rénmen yìnián sìjì dōu ài chī Běijīng kǎoyā.
b) 北京鸭是白色的。Běijīng yā shì báisè de.
c) 北京鸭做北京烤鸭以前必须吃45 天的东西。Běijing yā zuò Běijīng kǎoyā yǐqián bìxū chī 45 tiān de dōngxi.
d) 因为他们觉得北京鸭太“肉”了，所以他们现在不太喜欢北京鸭了。Yīnwèi tāmen juéde Běijīng yā tài „ròu“ le, suǒyǐ tāmen xiànzài bú tài xǐhuan Běijīng yā le.
e) 今天的北京鸭没有以前的大。Jīntiān de Běijīng yā méi yǒu yǐqián de dà.
f) 北京最老的烤鸭店160多岁。Běijīng zuì lǎo de kǎoyā diàn 160 duō suì.
g) 北京很有名的烤鸭店在澳大利亚开分店了。Běijīng hěn yǒumíng de kǎoyā diàn zài Àodàlìyà kāi fēidiàn le.